KB061269

문명대변혁의 시대

사회구조 변화와 학문적 조망

NANAM
나남출판

문명대변혁의 시대
사회구조 변화와 학문적 조망

2024년 5월 10일 발행
2024년 5월 10일 1쇄

지은이   김용학 · 조화순 · 함지현 · 주경철 · 박태균 · 고재현
편찬   일송기념사업회
기획   한림대학교 도헌학술원 R&D 기획단
발행자   조완희
발행처   나남출판사
주소   10881 경기도 파주시 회동길 193, 4층 (문발동)
전화   (031) 955-4601 (代)
FAX   (031) 955-4555
등록   제 406-2020-000055호 (2020.5.15.)
홈페이지 http://www.nanam.net
전자우편 post@nanam.net

ISBN 979-11-92275-20-8
ISBN 979-11-971279-3-9(세트)

일 송
학술총서
10

문명대변혁의 시대

사회구조 변화와 학문적 조망

김용학

조화순·함지현

주경철

박태균

고재현

일송기념사업회 편

文

Great Transformation

明

NANAM
나남출판

The Age of the Great Civilizational Transformation

Changes in Social Structure and Academic Perspectives

by

Kim Yong-Hak, Jho Wha-Sun, Ham Ji-Hyun,
Jou Kyung-Chul, Park Tae-Gyun, Ko Jae-Hyeon

NANAM

서문

이 책은 제11회 일송학술심포지엄(2023년 11월 3일)에서 "문명 대변혁의 시대: 사회구조 변화와 학문적 조망"이라는 주제 아래 발표된 기조 발제와 주제 발제 중 5편의 글을 모은 것이다. 한림대학교 도헌학술원 일송기념사업회에서는 학교법인 일송학원(한림대학교)을 세운 고故 일송一松 윤덕선 박사의 뜻을 기려 "한국 사회, 어디로 가야 하나"를 장기 주제로 세우고, 이 주제에 걸맞은 연차 주제로 '일송학술심포지엄'을 매년 개최하고 있다. 이 심포지엄에서 발표된 글들이 일송학술총서로 발간된다.

오늘날 인류는 과학기술, 특히 정보통신기술과 인공지능AI의 급격한 발달로 이른바 문명대변혁의 시대를 맞이했다. 지금은 이러한 문명대변혁의 소용돌이 속에서 정신을 차리고 우리가 나아가야 할 방향을 다양한 학문적 관점에서 조망하고 점검해야 할 때이다. 제 11회 일송학술심포지엄은 이러한 시대 인식을 바탕으로 마련되었다.

사회구조의 변화를 정확히 진단하고 미래에 적절히 대응하는 길을 제시하는 일은 학문 공동체가 마땅히 담당해야 할 책무이다. 여기에 소개하는 5편의 글은 사회학·정치학·역사학·과학 분야에서 들여다본, 이 시대에 대한 진단과 처방을 담고 있다.

1장 "AI, 4차 산업혁명인가 문명혁명인가(김용학)"에서 필자는 사회과학자들이 AI에 관심을 가지고 AI의 잠재적 위험성에 대한 담론을 형성해야 한다고 주장하고, 현재 빠르게 진행되고 있는 AI 기술의 문명사적 의미를 밝힌다. AI의 창발과 통제 가능성, 공동체의 분열과 민주주의 위기, 언어 간 실시간 번역, 인간의 자유의지에 대한 함의 등 그간 비교적 논의가 부족했던, 문명사적 변화를 가져올 주제들에 초점을 둔다. 결론적으로 현재의 AI 혁명은 산업혁명의 범주를 크게 뛰어넘는 것이고, 인류와 AI가 더불어 살아가야 하는 문명사적 변화라고 지적한다.

2장 "21세기 문명 전환과 미래를 위한 정치·정치학(조화순·함지현)"에서는 21세기 문명대전환의 시대에 정치와 정치학이 새로운 시대의 변화를 담아낼 준비가 되어 있지 않다는 문제의식에서 논의를 시작한다. 먼저 AI를 필두로 한 새로운 문명이 이전

문명과 무엇이 다른지, 이러한 변화들이 민주주의에 어떤 도전을 발생시키는지를 살펴본다. 그리고 이를 토대로 이 시대 변화에 맞는 정치발전을 위해 검토해 볼 수 있는 민주주의 관점에서의 대안을 제시하고, 그 대안을 논의하기 위한 정치학 연구의 패러다임 변화의 필요성을 역설한다.

3장 "기억과 상상: 초가속 시대의 역사학의 새로운 가능성(주경철)"에서 필자는 과학기술의 발전이 사회를 변화시키는 핵심 동력인가, 현재 일어나는 변화의 정도나 속도가 문명 차원의 변혁을 가져올 것인가에 대한 의문을 제기한다. 필자는 지금의 변화를 '단절'과 '변혁'이라는 용어보다는 '연결'과 '초가속'이라는 용어로 개념화할 것을 제안하고, 위기에 맞닥뜨린 인간사회의 기본 작동 원리는 '기억'을 이용한 '상상'이라고 설명한다. 그러한 면에서 이 격변의 시대에 과학기술과 인문학, 특히 역사학의 상호 대화가 절실하며, 과학기술의 방향성에 대해 반성적 질문을 제기하는 역사학의 역할이 중요함을 강조한다.

4장 "고르디우스의 매듭 풀기: 문명대전환기 한국역사학계의 과제(박태균)"에서는 4차 산업혁명과 코로나 팬데믹 속에서 문명대전환기를 맞이한 한국역사학계가 나아갈 방향을 제시한다. 21세기 초 한국사학계의 상황은 여러 가지 문제로 복잡하게 뒤엉킨 고르디우스의 매듭에 비견된다. 한국사학계는 기후 위기와 팬데믹을 거치면서 인류세에 대한 관심이 고조된 상황이다. 이제 문명대전환기의 새로운 역사학으로 나아가기 위해서는, 세계사적 보편성 속에서 한국사의 특수성을 찾는 연구, 공공성의 연구, 문명대전환기에 조응하는 연구를 해야 하고, 윤리와 철학을 견지할 것을 당부한다.

5장 "21세기 과학의 키워드: 기후 위기와 외계행성을 중심으로(고재현)"에서 필자는, 앞의 글 4편이 'AI'나 '4차 산업혁명'을 키워드로 선택한 것과는 달리, 인류 문명의 존속과 지속 가능한 발전을 우선적으로 고려하여 21세기 과학의 키워드로 '기후 위기'와 '외계행성'을 선택한다. 기후 위기를 인식하고 극복하기 위해 지금까지 인류가 펼친 활동과 연구들을 소개하는 한편, 급속히 발전하는 외계행성의 연구 성과가 기후 위기에 직면한 인류로 하여금 문명의 방향과 운명에 대해 근본적으로 고민하도록 이끈다는 점이 중요하다고 강조한다.

여기에 실린 글들이 AI 혁명의 시대를 다각도로 조명하고 우리 사회를 전망하는 종합적인 시야를 독자들에게 제공하리라고 믿는다. AI 기술로 인한 사회적 변화는 미래에 대한 기대감과 불안함을 동시에 증폭시키고 있다. 독자들이 이 책에서 얻은 지혜와 통찰을 발판으로 삼아 새로운 시대의 도전에 맞서 당당히 헤쳐 나가길 기대한다.

한림대학교 도헌학술원을 설립하시고 일송학술심포지엄과 일송학술총서가 세상에 기여할 수 있도록 아낌없이 지원해 주신 도헌陶軒 윤대원 일송학원 이사장님께 깊은 감사의 말씀을 드린다. 아울러 이 책의 방향을 이끌어 주신 송호근 한림대학교 도헌학술원장님과 도헌학술총서의 발간을 위해 애써 주신 나남출판 조상호 회장님께도 이 자리를 빌려서 감사의 인사를 드린다.

한림대학교 도헌학술원 R&D 기획단

차례

1장

AI, 4차 산업혁명인가 문명혁명인가

김용학
(연세대학교 사회학과 명예교수)

들어가며

AI가 그린 그림이 콜로라도 주립 박람회 미술대회 디지털아트 부분에서 우승을 차지했다는 뉴스가 세상을 떠들썩하게 만든 사건이 불과 2022년 9월에 벌어진 일이다. 수상자는 AI의 이름을 공동작가로 넣어 출품했는데 심사위원 중 AI의 이름을 인지한 사람이 없었기에 생긴 일이라고 한다. 얼마 지나지 않은 2023년 2월에는 에이크Jan van Eycke라는 작가 이름으로 출품된, 드론에서 찍은 파도 타는 서퍼의 모습을 담은 작품이 사진전에서 금상을 받았다. 수상 소식을 듣자마자 작가는 상금을 돌려주면서 자사 AI를 홍보하기 위해서 (전통적 의미에서의) 가짜 사진을 출품했다고 주장했다.

레이 커즈와일Ray Kurzweil은 2045년에 이르면 인공지능이 인간의 지능보다 뛰어날 것이라고 예측하며, 그 시점을 '특이점singularity'이라고 불렀다. 최근의 비약적인 AI 기술 발전으로 그 특이점이 2030년 안에 다가올 것이라는 예측이 점차로 더 지지를 받는 가운데, 현재 인공지능은 매일 변종이 생겨나면서 가히 캄브리아기 폭발Cambrian Explosion과 같은 대변혁을 맞이하고 있다. 아주 보수적으로 예측해 특이점이 2045년에 온다고 가정해도 올해 대학에 입학한 신입생들이 대략 40세가 되는 해이다. 그들은 살아온 세월보다 더 긴 세월을 자신보다 뛰어난 초지능super-intelligence과 더불어 살아가야 할지도 모른다.

AI는 이미 음악, 미술, 디자인, 동영상 제작, 글쓰기, 코딩, 번역, 과학실험 등 인간이 하는 거의 모든 행동에 스며들지 않은 영역이 없으며, 어떤 영역에서는 인간보다 훨씬 더 우월한 능력을 발휘한다. 챗GPT 3.5를 거쳐 4.0에 이르는 동안 GPT 플러그인plug-in은 하루에도 몇십 개씩 개발되고 있다.[1] Mathematica를 모체로 하는 Wolfram Alpha까지 플러그인으로 지원되고 있으니, 이제 세계에서 수학 문제를 가장 잘 풀고, 통계 그래프를 가장 잘 그려주는 AI가 탄생했다고 주장해도 무리가 아니다.

유발 하라리의 주장처럼 AI가 인간의 언어를 해킹hack하는 데 성공했다. AI가 인류 문명에 대변혁을 예고하는 이때에, 사회과학은 무엇을 하고 있는가? AI에 관한 논의는 대부분 이공계 분야의 전문가들이 독점하고 있다고 해도 과언이 아니다. 이 글에서 나는 사회과학자들이 왜 AI에 관심을 가져야 하는지 그리고 현재 빠르게 진행되는 AI 기술혁명의 문명사적 의미를 되새겨보려고 한다. AI가 문명사적 변환을 가져올 잠재성에 대해 논의할 텐데, 나의 전망이 과장되었다고 판단하는 사람은 아마 전망의 시

---

1 2024년 1월 현재 GPT plug-in들은 GPTs로 대체되고 있다. 다른 회사들이 개발한 외부 plug-in을 오픈AI 자신들의 GPTs로 변환하여 GPT store에서 거래하도록 유도하고 있는 것이다.

점이 나와 다르기 때문일 것이다.

나는 지금 갓난아기로 태어난 챗GPT 같은 AI가 20년 후 성년으로 성장했을 때를 시점으로 두고 논의하려고 한다. 인류 문명사에서 20년은 찰나의 순간이다. AI가 인간의 의도대로 단지 인간을 돕는 도구tool에 불과하다고 믿는 사람들은 과연 20년 후에 인간이 AI를 완벽하게 통제할 수 있는 도구일 뿐이라고 확신하는지 자문해 보기 바란다.

AI는 전통적 의미의 도구가 아니다. 신비로운 창발 현상으로, 가르쳐 주지 않은 것을 알고, 마치 인간 마음을 이해하는 듯이 추론하고, 〈오징어 게임〉 속편의 줄거리를 제안하는 창의성이 있다. 인간의 지능보다 뛰어난 초지능super-intelligence도 도구라고 주장할 것인가? 여태 그런 능력을 갖춘 도구는 인류 역사에 한 번도 없었다.

AI에 대한 '실존적 위협론existential threat'과 '인류 구원'의 낙관론 같은 거대 담론들이 대립하며 맹위를 떨치고 있지만, 이러한 담론에 사회과학자들의 목소리는 찾기 힘들다. 문명사적 대변환을 직면하고 있는 이 순간에 사회과학자들은 어디에 있는가? 기술 발전의 속도가 지수 함수를 따르지 않고 이중 지수 함수(지수 위에 지수가 승수로 덧붙은 함수)를 따를 것으로 예측되는 이 시대에 AI의 기술적 복잡성에 억눌려 침묵하고 있는 것은 아닌지 모르겠다. 챗GPT 3.5가 세상에 나온 지 1년 만에 기술의 발전은 기존의 무엇보다 빠른 속도로 질주하고 있다. AI가 코딩을 짤 정도로 실력이 급성장하니 앞으로는 AI가 자신의 코드를 수정하거나 전혀 다른 AI를 만들어 낼 것으로도 전망된다.

　AI가 가져올 사회 변화를 논의할 때 '일자리 변화와 실업', '불평등의 증가', '개인정보 침해', 'AI의 윤리성', 'AI가 탑재된 무기', 'AI에 의한 인간의 사회적 상호작용의 변화' 등의 문제들이 단골 주제로 제기된다. 모두 파괴력 있는 중요한 주제들이지만, 나는 이 글에서 AI 창발과 통제 가능성, 공동체의 분열과 민주주의 위기, 언어 간 실시간 번역, 인간의 자유의지에 대한 함의 등 비교적 논의가 부족했던, 문명사적 변화를 가져올 주제들에 초점을 맞출 것이다.

4차 문명혁명

인류의 역사에서 첫 자동차 사고 사망자는 1869년 8월 31일 발생했다. 메리 워드Mary Ward라는 여성은 자신의 사촌 오빠가 만들어준 실험용 증기 자동차를 운전하다 나무뿌리를 들이받고 전복되어 차 밑에 깔려 사망한다.

그 후 147년이 지난 2016년 5월에 자율주행차에 의한 첫 사망 사고가 발생한다. 조슈아 브라운Joshua Brown이라는 사람이 테슬라 차량을 자율주행 모드로 운전하다 좌회전하던 트럭을 정면으로 들이받아 사망한 것이다. 이 트럭의 옆면 색이 흐린 하늘과 구분이 안 되어 사고가 발생했다는 것이 테슬라의 설명이었다.

이 사고 후 테슬라는 인간이 운전하는 자동차는 미국에서 9천만 마일마다 한 명의 사망 사고가 생기지만, 자사의 자율주행 모드는 1억 3천만 마일 주행 후에 생긴 첫 사고이기에 이미 인간이 운전하는 차보다 안전한 차가 개발된 것이라고 주장했다.

증기 자동차에서 자율주행 자동차에 이르기까지 한 세기 반 동안 과학 · 기술은 비약적으로 발전했다. 클라우스 슈밥이라는 기업인이 2016년 세계경제포럼 WEF: World Economic Forum에서 산업혁명은 이제 4차 혁명을 맞고 있다고 주장했다.

증기기관으로 혁명적인 기계생산을 가능하게 한 것이 1차 산업혁명이라면, 두 번째 산업혁명은 전기의 활용을 통해 산업의 규모와 범위를 확장시켰다. 세 번째 산업혁명은 전자와 컴퓨터의 발전을 통해 정보와 통신 기술의 혁신을 이끌었으며, 현재 우리가 직면한 인공지능과 생명공학, 3D 프린팅 등 첨단 기술의 혁신 및 융합은 네 번째 산업혁명을 이끌고 있다는 것이 슈밥의 주장이다.[2]

나는 현재 진행되고 있는 AI 혁명은 산업혁명의 범주를 크게 뛰어넘는다고 믿는다. 산업혁명의 한 부분으로 인식하는 것은 AI가 가져올 변화의 크기나, 부작용에 대한 우려를 과소평가하게 만들기 때문에 피해야 할 인식이다. 신이 인간을 창조한 이래, 인간이 창조한 가장 위대한 발명품으로서 AI는 스스로 학습하고 스스로 판단할 수 있는 능력을 점차 키워가면서 인류 문명을 획기적으로 바꿀 것으로 예측되기 때문이다. 여기서 문명이란 인

_____

2   4차 산업혁명이라는 단어는 우리나라에서 유독 많이 언급되는 단어이다. 어느 정도 많이 사용되는지 대략적으로 가늠할 수 있는 간단한 방법이 구글에서 웹 페이지 검색 건수를 비교해 보는 것이다. 영어로 "4th(or fourth) industrial revolution"이라는 단어를 검색했을 때와 한글로 "4차 산업혁명"이라는 단어 검색 수를 비교해 보면, 전체 영어 문건이 한글 문건보다 훨씬 많은데도 불구하고 한글 문건이 영어보다 5배나 더 많이 검색된다. 대조군으로 "Hungary"와 "헝가리"의 검색 건수는 145:1의 비율로 영어 문건이 압도적으로 많다. 구글 검색으로 4차 산업혁명에 대한 우리나라 사람들의 관심도를 대략이나마 파악해 볼 수 있다. 이는 알파고가 이세돌을 완파한 충격적인 뉴스를 온 국민이 실시간으로 체감한 사건과 관련이 있는 것 같다.

간의 주된 노동 방식 및 생산물뿐만 아니라, 인간의 의식, 규범, 상징체계, 정치 체계, 예술 등 인간 활동의 모든 영역을 포함하는 물질적, 정신적 사회 체계를 총칭한다.

문명 변화를 예측하는 이유는 다음과 같다. 역사적으로 인류는 두 가지 대상과 상호작용하면서 발전했다. 첫째가 자연이고 둘째가 인간이다. 자연과 상호작용하면서 자연과학과 기술, 즉 좁은 의미의 문명을 발전시켰다. 또한 인류는 다른 인간과 상호 작용하면서 규범, 가치, 상징체계 등 문화를 만들어 왔다.

AI의 출현은 인간의 세 번째 상호작용 대상이 생겨난 것을 의미한다. 앞으로 인간은 의사결정을 위해, 병을 고치기 위해, 과학을 발전시키기 위해, 사회 문제를 해결하기 위해, 그리고 교육하기 위해서 등, 삶의 모든 측면에서 끊임없이 AI와 상호작용할 것이다.

인류가 자연, 그리고 다른 인간들과 상호작용하면서 생겨난 것을 각각 문명과 문화라고 한다면, AI와 상호작용하면서 생겨날 새로운 체계를 무엇이라 불러야 할지 지금으로서는 알 수 없다. 그렇지만, 이 체계는 "산업"이라는 좁은 범위에 국한되기보다는 문명사적 변화일 것이다.

그러므로 나는 우리가 직면하고 있는 AI 기술혁명은 앨빈 토플러의 연장선에서 '4차 산업혁명'이 아니라 '4차 문명혁명'이라고 부르려고 한다.[3]

그에 의하면, 1차 문명혁명은 1만 3천 년 전에 수렵 채취를 하던 인류가 숲을 벗어나 강가 정착지에서 농업을 시작하면서 발생했다. 아무리 배가 고파도 종자 씨를 먹을 수 없다는 압박은 인류에게 미래라는 개념을 확실하게 각인한 혁명이었다. 농업혁명은 잉여 생산물을 만들어 냈고, 잉여 생산물은 직접 생산에 참여하지 않는 유휴 노동력, 즉 귀족과 지배계급을 출현시켰다. 유휴 노동력에 힘입어 국가가 생겨나고 문화와 문명을 탄생시킨 것이 농업혁명이 불러온 대변혁이었다.

2차 문명혁명은 산업혁명으로서 동력 혁명이자 제어 혁명이었다. 기계적으로 컨트롤하는 자동화 혁명은 대량생산체제를 구축했고 자본주의와 결합하면서 대량소비시장을 만들었다.

3차 문명혁명은 '제 3의 물결'이라 토플러가 명명했던 디지털 혁명, 네트워크 혁명이자 정보 혁명이다. 자원들이 디지털 네트워크를 통해서 흐르면서 공간과 시간을 압축한 문명사적 변환이었다.

끝으로 지금 진행되는 AI 혁명은 이전과 차원이 다른 사회구조적 변화를 불러오기 시작했다. 산업 부분의 변화가 먼저 생긴 후 그로 말미암아 사회 변화가 생겨나는 산업혁명과 달리, 산업뿐만

---

3 Toffler, A.(1980), *The Third Wave*, New York: William Morrow and Company, Inc.

아니라 인간의 의식이나 행동 등 삶의 전 분야와 사회 구조 전반에 동시적으로 커다란 변화를 불러오는 4차 문명혁명이 일어나고 있다.

산업 영역에서의 대량 실업 또는 직업 재편성 등의 변화만 생겨나는 것이 아니다. 가령 AI에게 인격적 모독을 당하면 어떻게 처리해야 하는가, 최근에 테슬라 공장에서 발생한 사건처럼 로봇이 사람을 다치게 하면 누가 책임져야 하는가 등 채워져야 할 AI-Human Complex의 빈 공간이 문명사의 흐름을 바꿀 것을 예고하고 있다.

부머와 두머 사이

AI가 인류의 번영에 도움이 되는 희망의 메시지를 던지고 있다는 사실은 분명하다. 커즈와일 Kurzweil은 AI가 인류가 당면한 문제들을 해결해 줄 것이라고 믿고 있으며, 알파고로 유명해진 딥마인드의 데미스 하사비스 Demis Hassabis는 AI가 인류의 삶을 더욱 풍요롭게 할 것이라고 낙관적인 전망을 한다.

그러나 AI가 인류 문명에 해를 끼칠 수 있다는 우려도 만만치 않다. 일찍이 스티븐 호킹은 "AI는 인류의 멸종을 가져올 수 있다"고 경고했으며, 한때 일론 머스크 Elon R. Musk는 "우리는 AI라는 악마를 불러냈다"고 주장했다. AI를 개발하는 데 지대한 공을 세운 제프리 힌튼 Geoffrey E. Hinton 교수를 포함한 사회 저명인사들은 AI가 인간의 이해와 상충할지도 모르는 문제를 풀기 위해 AI 개발을 6개월간 멈추자는 선언에 전 세계 지식인들의 참여를 유도했다.[4] 물론 이런 모라토리엄 moratorium 운동은 실효성 없는 헛구호로 끝났지만 이들이 왜 모라토리엄을 요구했는지를 이해해야 한다. AI가 인간을 파멸시킬 수 있기 때문에 국제적 공조를 통한 AI 규제 등, 위험을 줄일 수 있는 준비기간이 필요하다는 주장이다.

---

4 https://moratorium.ai/Moratorium.

모라토리엄 선언 후 몇 달이 지나지 않아, 챗GPT를 개발한 오픈AI 공익재단의 이사진이 CEO인 샘 올트먼 Sam Altman을 소통 부재를 이유로 해임한 뉴스가 전 세계의 이목을 집중시켰다. 투자자들과 오픈AI 직원들의 거센 반발로, 해임을 주동한 이사 몇 명을 교체하는 조건으로 올트먼이 4일 후 CEO로 복귀하면서 사건은 일단락되었다.

하지만 *Economist*의 보도처럼, 이 사건은 부머 Boomer(개발론자)와 두머 Doomer(파멸론자) 사이의 간극을 명확하게 보여주었다. Boomer는 최대한 빠른 속도로 AI를 발전시키자는 입장이고, Doomer는 인간에게 해악을 가져올 수 있으니, 개발 속도를 최대한 늦추고 강력한 규제를 도입하자는 입장이다.[5]

애초에 올트먼을 축출한 원인이 무엇인지 정확히 공표되지는 않았지만 'GPT 제로'를 개발했기 때문이라는 소문이 퍼졌다. 소문의 진위를 떠나, GPT 제로의 개발 가능성은 심각하게 받아들여지고 있다. 알파고가 인간에게 바둑을 배운 AI라면, 알파고 제로는 자기들끼리 수백만 판의 바둑을 두면서 스스로 바둑을 깨우친 AI이다. 인간의 바둑 기보를 학습한 AI보다 알파고 제로가 훨씬 더 강력하다는 것은 잘 알려진 사실이다.

---

5 https://www.economist.com/business/2023/11/23/sam-altmans-return-marks-a-new-phase-for-openai.

마찬가지로 인간이 준 학습 자료를 건너뛰고 스스로 학습하는 GPT 제로가 나온다면, 이런 인공지능의 잠재적 위험성은 아직은 상상의 영역이다. 마치 초등학생이 아인슈타인의 물리학 공식을 이해할 수 없듯이, 이런 초지능 super-intelligence AI의 판단이나 행동을 인간이 이해할 수 없다.

AI의 위험에 대한 경고에는 종교 지도자들까지 동참했다. 교황 프란치스코는 전 세계에 공표한 2024년 신년 메시지를 통해 인공지능AI의 윤리적 위험성에 대해 언급하면서 AI 기술이 인간의 존엄성을 존중하고 보호하는 방식으로 발전해야 한다고 강조했다. 그는 AI가 사회적, 경제적 불평등을 심화시키지 않도록 주의해야 하며, 모든 사람이 기술의 혜택을 누릴 수 있도록 접근성을 보장해야 한다고 설파했다. 단순히 효율성과 이익을 추구하는 것이 아니라, 인간의 복지와 공동선을 증진하는 수단으로 활용되어야 한다는 주장이다. 교황까지 나섰으니, AI에 대한 우려의 심각성은 간과하기 어려운 상황처럼 보인다.

나는 Boomer와 Doomer가 갈라지는 근본적 분기점은 'AI 통제 가능성 controllability'에 있다고 판단한다. Boomer는 AI를 인간이 궁극적으로 통제할 수 있다고 믿는 입장이다. 통제 가능성에는 대략 네 가지 정도의 의미가 있다.

첫째, 영화 〈터미네이터〉의 스카이넷 Skynet처럼 미래에 스스로의 자의식 自意識을 갖는 AI가 출현할 경우, 인간이 마주할 실존적 위험을 통제할 수 있는가? 즉 자의식을 갖는 초지능 AI를 인간이 통제할 수 있는가?

둘째, 연관된 문제로서 AI가 인간의 이해와 배치되지 않도록 alignment 하는 수학 알고리즘을 만들 수 있는가? 최근에 오픈AI 얼라인먼트Alignment 연구팀은 낮은 버전의 간단한 AI가 높은 버전의 AI를 가르치는 방법을 제안했지만, 그 실효성은 아직 모호하다. 낮은 버전의 AI를 통제하면, 이로부터 배운 높은 버전의 AI는 인간 이해와 상충하지 않게 될지에 대해 알려진 바가 없는 실험일 뿐이다.

셋째, AI의 모든 목적 함수의 조건을 명시할 수 있는가? 예를 들어, AI에게 "이 방의 탄산가스를 줄여줘!"라는 명령을 내렸을 때, AI가 탄산가스 발생 원인이 인간의 호흡이라는 것을 깨닫고 인간을 해치게 되는 경우를 막을 수 있을까? 인간을 직접 해치지 않더라도, 탄산가스를 없앨 예상치 못한 방법을 고안해서, 의도치 않게 인간이 다치게 될지도 모른다.

끝으로, 악한 의도를 갖고 있는 악인에 의해 AI가 악용되는 것을 막을 수 있나? 악인이 그래픽처리장치GPU 등 컴퓨팅 파워를 소유할 가능성이 낮기 때문에 별문제가 아니라는 시각은 매우 천진난만해 보인다. 악인이 AI를 이용해 인간에게 치명적 화학물질을 만들어 내는 일, 네트워크의 보안 취약점을 뚫는 일 등이 즉각적인 위험의 예가 된다. 현재도 라마2Llama2, 알파카Alpaca뿐만 아니라 개발자들의 집단협동으로 만들어내는 공유 AI들이 오픈소스로 개발되고 있으며, 이를 누가 어떻게 사용하는지 통제할 수 있는 방법은 없다.

인공지능 기술의 발전은 분명 많은 긍정적 변화를 가져오고 있지만, 동시에 다양한 사회 문제를 야기할 수 있는 위험성도 갖고 있다는 점에서 "양날의 검"이다. Doomer의 우려를 심각하게 받아들이며 AI의 기술적 진보를 이루는 Boomer, 즉 B와 D 사이의 '쿠머 Coomer'의 입장이 인류 사회에 공유되기를 희망한다.

Coomer는 AI를 적극적으로 발전시키되, AI 개발비의 일정 부분 이상을 반드시 제어 가능성을 높이는 데에 투입하도록 하거나(예를 들면 인간 이해와 충돌하지 않는 알고리즘 alignment algorithm을 연구하게 하거나, 레드팀을 운영하면서 가능한 문제점을 끊임없이 모니터링하게 하는 방안), 명확하게 예상되는 문제를 국제적 거버넌스를 통해 AI 사용 deployment 단계에서 즉각적이고 단호하게 규제하여 부정적 파급효과를 최소화하자는 입장이다.

AI와 문명사적 변화

현재 갓난아기와 같은 AI들이 성년으로 성장하는 과정에서 인류에게 미칠 영향은 산업에 국한된 것이 아니라, 우리 삶의 모든 영역에 이를 것이다. 이미 작곡, 디자인, 시·소설이나 설교문 쓰기 등의 창작활동뿐만 아니라 법조계, 빅데이터 분석, 보안, 범죄 예방, 과학 활동, 금융, 면접, 코딩 등 스며들지 않은 영역이 없다. 스마트폰 등 각종 디바이스에도 장착될 뿐만 아니라, 오픈AI의 GPTs를 이용해 어떤 개인도 자신만의 AI를 만들고 학습시킬 수 있게 되었고, GPTs가 거래되는 스토어까지 생겼다.

지난 1년 동안의 변화만 관찰해도 향후 사회가 어떻게 변할지 그 규모와 속도에 두려움마저 느껴질 정도이다. 구체적 영역에서의 변화에 관심을 갖는 것도 중요하지만, 나는 더 큰 사회의 매크로 문제에 대해서 전망해 볼 것이다.

AI와 창발

과학철학에서 창발Emergence은 낮은 수준에서는 없던 새로운 속성이나 행동이 높은 수준에서 나타나는 현상을 일컫는다. "전체는 부분의 합보다 크다the whole is greater than the sum of its parts"라는 유명한 명제로 대표되는 창발 현상은 사회과학, 물리학, 생물학, 인지과학 등 다양한 학문 분야에서 관찰된다.

예를 들어, 개별 물 분자는 습도나 온도에 대한 속성을 가지고 있지 않지만, 수많은 물 분자들이 모여서 형성하는 대기는 습도와 온도라는 새로운 속성을 갖는다. 다른 예로서, 구리와 주석은 모두 유연하지만, 둘을 합금하면 청동이라는 강도가 높은 딱딱한 물질이 생겨난다. 청동의 강도는 창발한 속성이다. 도덕적 인간들이 모여 비도덕적 사회를 만드는 것도 창발이다.

AI가 위험할 수 있다고 주장하는 사람들은 모두 AI의 창발성에 주목한다. 현재 대부분의 AI가 기초하고 있는 '트랜스포머'라는 기술은 인간의 언어에서 다음 단어가 무엇일지를 예측하는 확률 모델이다. 트랜스포머 모델에서는 존재하지 않는 것이 새롭게 창발 현상으로 나타나니, 위험을 느끼는 것이다. 왜 창발 현상이 생기는지조차 모르니 어떻게 AI의 능력을 통제할 수 있겠는가. 대표적인 창발이 '공감 능력'처럼 보이는 현상이다.

마음 이론Theory of Mind은 다른 사람의 생각이나 감정, 의도 등을 이해하거나 공감하는 능력을 말한다. 인간의 상호작용과 의사소통에 필수적인 능력으로서, 우리가 다른 사람의 행동을 예측하고 이해하는 데 중요한 역할을 한다. 공감 능력을 측정하기 위한 대표적인 실험 중 하나가 샐리-앤 실험Sally-Anne Test이다. 실험 참가 아이에게 다음과 같은 시나리오가 제시된다.

샐리는 공을 그녀의 바구니에 넣고 방을 떠납니다. 그녀가 없는 동안, 앤은 공을 샐리의 바구니에서 꺼내 자신의 바구니에 옮겨 놓습니다. 샐리가 돌아왔을 때, 그녀는 공을 어디에서 찾을까요?

앤이 옮기는 것을 못 봤기 때문에 샐리는 공이 여전히 자신이 넣어 둔 바구니에 있으리라고 생각할 것이다. 그러나 앤의 행동을 관찰한 사람은 공이 이제 앤의 바구니에 있다는 것을 안다. 그럼에도 샐리가 돌아왔을 때 자신의 바구니에서 공을 찾는다고 예측한다면, 다른 사람(샐리)의 관점에서 세상을 볼 수 있는 능력이 있다고 보는 것이다. 일반적으로 이 능력은 4~5세 이후에 생긴다고 한다.

GPT4가 일반에게 공개되기 전에 오픈AI에 거액을 투자한 마이크로소프트사의 연구진은 새 버전이 어떤 능력을 갖고 있는지에 대해 연구하면서 AI가 '마음 이론'과 관련된 창발 능력이 있다는 데에 놀란다.[6] 동일한 실험을 이미 학습한 효과를 배제하기 위해 이상한 이름의 파일을 드롭 박스의 이상한 폴더에 넣는 것으로 바꿨지만, GPT4는 이미 성인을 능가하는 '마음 이론'의 능력을 갖고 있었다. 뿐만 아니라, 텍스트로 공간 배치(예를 들면, '부엌의 오른쪽에 거실, 거실 오른쪽에 홀, 그 오른쪽에 부엌' 등의 텍스

6 Bubeck, S. et al.(2023, March), "Sparks of artificial general intelligence: Early experiments with GPT-4", arXiv:2303.12712, v1.

트)를 학습한 후, 지도 이미지를 그려내는 능력을 보였다. 코로
나 백신을 맞을 것인지 토론하는 가족 간의 대화를 읽은 후, 왜
아버지는 백신을 안 맞으려고 하는지에 대해 논리적으로 추론하
는 능력도 갖추고 있었다. 마이크로소프트 연구자들은 다음과
같이 놀라움을 표현한다.

> GPT4가 왜 그렇게 일반적이고 유연한 지능을 발휘하는가? GPT4
> 의 핵심은 대규모 데이터와 최솟값을 찾는 단순한 알고리즘과 트랜
> 스포머의 조합에 불과한데 왜 그럴까? 이러한 질문은 우리가 도전하
> 는 거대언어모델LLM: Large Language Model의 신비와 매력의 일부이다.
> 학습과 인지에 대한 우리의 이해에 도전장을 던지고, 호기심을 불러
> 일으키면서 심화 연구의 동기를 부여한다.[7]

　결국, '왜 그런 창발 능력을 갖는지 모르겠다'가 마이크로소프
트 연구진의 결론이다. 거의 모든 AI 개발자들이 이에 공감한다.
이 창발 능력의 끝은 어디인가? 인간에게 배우지 않은 능력도
갖춘다면, 인간을 뛰어넘는 AGIArtificial General Intelligence, 혹은
ASIArtificial Super Intelligence가 나타날 가능성이 그 어느 때보다 높아
졌다. 몇몇 과학자가 우려하듯이, 머지않아 인간과 흡사한 의식
을 창발할지도 모른다. 1kg 남짓한 두부 같은 뇌의 신경망에서

7　Bubeck, S. et al.(2023, March), 94쪽

인간 의식이 왜 생기는지 현대과학이 아직 단초도 찾지 못했듯이, AI가 자신의 의식을 창발할 가능성에 어떠한 과학적 이론도 제공하지 못하고 있다. 개발자들이 AI의 위험성을 지적하는 핵심도, 이해할 수도 또 설명할 수도 없는 AI의 바로 이 창발 능력에 있다.

공동체의 균열과 민주주의 위기

40년 전 컴퓨터가 보급되고 인터넷이 확장되고 있을 때 사회과학 이론가들, 특히 정보사회론자들은 낙관론자와 비관론자로 나뉘어 열띤 토론을 벌였다.

예를 들어 정보화가 진전되면 '누가 이득을 보나?Who benefits?'라는 질문에 대해 낙관론자들은 '모든 사람들의 손가락에 다다른 정보information at your fingertips' 때문에 모두가 이익을 보는 사회가 다가온다고 주장했다. 반면에 비관론자들은 정보를 '가진 자'와 '못 가진 자' 사이의 정보격차는 심화될 것이고 그에 따라 불평등이 증가할 것이라고 예견했다. 컴퓨토피아들은 또한 1인 1방송국의 시대가 도래하기 때문에, 개인들이 권력을 가지게 되면서 권력이 분산되고, 정치적 참여의 기회가 늘기 때문에 민주주의가 진전된다고 예측했다. 비관론자들은 감시 정보기술에 의한 빅 브라더가 생겨나고, 프라이버시가 위협받는다는 비관적인 전망으로 맞섰다.

어떤 현상은 낙관론자의 예측대로, 어떤 현상은 비관론자의 예측대로 진행되어 왔지만, 30~40년 전에는 누구도 예측하지 못했던 새로운 현상이 생겨났다. 바로 초보적인 AI 알고리즘에 의해 공동체가 분열되는 사태가 대부분의 민주주의 사회에서 발생한 것이다. 최근 10여 년 동안 유튜브 등에 1인 방송국이 수없이 생겨났지만, 권력분산과 민주주의의 진전보다는, 서로 다른 진영 간에 큰 간극이 벌어진 것이다.

공동체의 결속을 유지하는 핵심적 개념은 "교차되는 사회집단 cross-cutting social circles"이다. 〈그림 1-1〉처럼 1~5번 사람이 속한 커뮤니티나 소비하는 콘텐츠가 서로 엇갈려 있으면, 사람들 사이에 정보 공유 연결이 생겨난다. 예를 들어 1번과 3번 사람이 속한 커뮤니티(혹은 공유하는 콘텐츠)가 A, C, D이기 때문에 3개의 연결 관계를 갖는다. 서로 엇갈리는 집단에 속함으로 인해 5명은 모두 연결된 것이다. 이런 경우 갈등이 생기면, 패를 가르는 축이 매번 다르게 된다.

반면에, 〈그림 1-2〉처럼 1~3번 사람과 4~5번 사람이 속한 커뮤니티가 전혀 다르다면(혹은 접하는 정보가 언제나 다르다면), 두 집단 사이에는 균열이 생긴다. 두 집단 사이에는 공유하는 것이 없기 때문에, 진영이 생기고, 갈등이 생기면 언제나 같은 축을 따라 집단이 나뉜다. 이것이 공동체의 분열이다.

유튜브나 페이스북, X(구 트위터) 등의 소셜미디어가 개발한

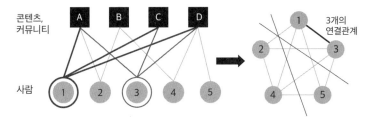

〈그림 1-1〉 교차하는 사회집단에 의한 결속

콘텐츠 추천 알고리즘은 단순한 AI로서 주로 협업 필터링collabo-rative filtering 방식을 사용했다. 사용자 A가 특정 콘텐츠를 좋아하고 사용자 B가 사용자 A와 유사한 종류의 콘텐츠를 좋아한다면, 사용자 A가 좋아한 콘텐츠를 사용자 B에게 추천한다. 이를 '사용자 기반' 협업 필터링이라고 부른다.

반면에 '아이템 기반' 협업 필터링은 만약 P와 Q가 함께 소비되는 패턴이 있다면, 콘텐츠 P를 본 사람에게 콘텐츠 Q를 추천하는 방식이다. 최근에는 AI의 기술적 발전 때문에 AI가 직접 콘텐츠의 내용을 파악할 수 있게 되었지만, 초기에는 사람들의 소비 패턴에 근거하여 콘텐츠를 추천했던 것이다.

이러한 추천 알고리즘은 사회 집단 내에서 동질적 콘텐츠를 소비하도록 만든다. 개인들은 주로 자신의 신념과 관점을 강화하는 콘텐츠에 노출되는 에코 체임버echo chamber에 갇힌다. 특히 자기가 옳다고 믿는 정보만을 취사선택하고, 반대되는 정보는 배척하는 확증 편향confirmation bias에 의해서 분열은 가속화된다.

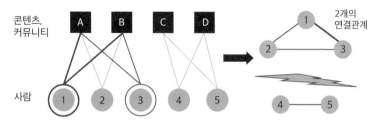

〈그림 1-2〉 추천 알고리즘에 의한 공동체 분열

〈그림 1-2〉에서처럼 어떤 종류의 갈등이 발생해도 항상 같은 선을 따라 집단이 갈라지게 만든다. 이러한 알고리즘은 다양한 관점에 노출되는 것을 제한하고 분열을 강화함으로써 사회 결속을 해친다. 예를 들어, '조국 백서(《검찰개혁과 촛불시민》)'와 '조국 흑서(《한번도 경험해보지 못한 나라》)' 사이에 집단이 분열되는 이유는 서로 상대 집단에서 소비하는 정보를 접할 기회조차 갖지 못하기 때문이다. 이런 초보적 AI를 '주목받기 알고리즘attention algorithm'이라고 부른다. 수많은 정보 중에서 소비자의 취향에 맞는, 주목 받을 정보만을 추천하기 때문에 붙여진 이름이다.

AI 기술이 계속 발전함에 따라, AI가 개인의 취향을 읽어내는 능력과 콘텐츠의 내용을 정확하게 읽어내는 능력은 획기적으로 개선되었다. 이미 챗GPT에게 특정 블로그 사이트 주소를 입력하면, 그 사람의 성향을 요약 분석해 준다. 게다가 AI가 스스로 정보를 만들어 낼 수 있는 능력도 생겼다. 주목받기 알고리즘이 모든 개인에게 특화된 '친밀하기 알고리즘intimacy algorithm'으로 대체되는 것은 시간문제이다. AI가 아담과 이브를 유혹했던 뱀의 역할을 수행하게 된다면, 공동체의 분열은 더욱 가속화될 것이다. 그야말로 "대량살상 수학무기Weapons of Math Destruction"가 원자폭탄보다 더 가공할 위력을 발휘하게 된 셈이다. 결국 인류는 공동체와 민주주의의 몰락이라는 위험에 직면한 것이다.

AI와 혁명적 과학 발전

인간의 과학적 탐구 활동은 지속적으로 한계 생산성이 낮아지고 있다. 단위 지식의 발명이나 발견에 투입되는 연구비가 점차로 커지고 있다는 뜻이다. 영국의 과학자 마이클 패러데이Michael Faraday, 1791~1867가 간단한 실험으로 전기와 자기에 대한 새로운 지식을 거의 매일 발견하던 시대와 비교하면, 이 현상은 쉽게 이해할 수 있다. 과학이 복잡해지고 실험 장비도 점차 커지고 복잡해졌고, 쉽게 발견할 수 있는 지식은 이미 대개 알게 된 것이 주요인이다.

AI의 발전으로 과학 한계 생산성이 낮아지는 속도를 멈추거나 뒤집을 수 있는 가능성이 생겼다. 커즈와일의 예측대로 인간은 AI 덕분에 우주 은하계 간 여행과 탐구활동으로 "잠자는 우주를 깨울지도 모른다."

이세돌을 격파한 알파고는 알파폴드Alpha Fold로 발전하여 단백질 구조를 예측하는 데 혁신적으로 공헌하고 있다. 단백질을 생산하는 아미노산의 배열에 의해 만들어진, 난해하게 꼬이고 접힌 단백질의 3차원 구조를 예측하는 데 매우 높은 정확도를 보인다. 이제 알파폴드가 단백질의 기능을 이해하고, 질병의 원인을 파악하고 신약 개발에 크게 기여함으로써 생명과학 분야의 혁신적 발전이 기대된다.

AI는 과학 연구 수단으로서 점점 더 중요한 역할을 수행하고 있다. 마이크로소프트와 구글과 같은 빅테크 기업들은 과학 연구를 지원하기 위해 다양한 AI를 개발한다. "Microsoft AI for Earth" 프로그램은 지구와 관련된 페타바이트(1,024 테라바이트) 이상의 데이터를 모아 놓고, 이를 분석하기 위한 툴을 제공한다. 이 AI는 지구의 자원을 보다 효율적으로 관리하고, 환경 변화를 모니터링하고, 생물 다양성을 보호하는 데 특화되었다. 그 이외에도 AI를 사용하여 암 연구를 지원하는 "Project Hanover"를 진행한다.

구글은 AI를 활용하여 기후 변화 예측, 지진 예측, 의료 진단 등 다양한 분야에서 과학 연구를 지원하고 있다. 구글 클라우드의 버텍스 AI 플랫폼은 머신러닝 모델 및 AI 애플리케이션을 개발자들에게 제공하여 이미지 데이터나 음성, 비디오 데이터를 인식하는 AI 모델을 구축하도록 돕고 있다.

아직은 완벽하지 않지만, 챗GPT4의 플러그인 스칼라 AIPlugin Scholar AI는 구글 스칼라에 올라온 모든 과학적 논문에 대한 학습을 끝낸 후 사용자가 지정하는 논문을 요약해 주거나, 논문과 관련된 질문에 대한 답을 제공하거나 논문에 대한 비판적 논평을 한다. AI를 과학 연구에 적용하는 것은 여전히 많은 도전 과제를 안고 있지만 현재의 발전 속도로 추론해 볼 때, 과학 연구에 지대한 공헌을 할 날이 머지않았음을 직감할 수 있다.

인간의 마음을 훔쳐보는 AI

2023년 3월 *Science*에 획기적 논문이 실렸다. 인간이 특정 이미지를 볼 때 생성되는 '기능적 자기 공명 영상fMRI: functional Magnetic Resonance Imaging' 데이터를 분석하여, 인간의 뇌가 보았던 이미지를 비슷하게 재생한 연구 결과가 실린 것이다. 〈그림 1-3〉의 왼쪽이 인간이 실제로 본 이미지이고, 오른쪽이 fMRI 데이터를 분석해 스테이블 디퓨전Stable Diffusion이라는 AI를 통해 본 이미지를 그려낸 것이다.[8]

---

8   Yu T. & Shinji N.(2023), "High-resolution image reconstruction with latent diffusion models from human brain activity", *Science*.
Nahas, K.(2023), "AI re-creates what people see by reading their brain scans: A new artificial intelligence system can reconstruct images a person saw based on their brain activity", *Science*.
Ozcelik, F. & VanRullen, R.(2023), "Natural scene reconstruction from fMRI signals using generative latent diffusion", *Scientific Reports*, 13(1).
https://www.science.org/content/article/ai-re-creates-what-people-see-reading-their-brain-scans.

〈그림 1-3〉 인간이 본 이미지(좌)와 AI가 그려낸 이미지(우)

〈표 1-1〉 인간의 뇌 활동 패턴을 AI가 해독한 문장

인간이 읽은 문장

I got up from the mattress and pressed my face against the glass of the bedroom window expecting to see eyes staring back at me but instead finding only darkness.

나는 침대에서 일어나 침실 창문 유리에 얼굴을 댔다. 나를 쳐다보는 내 눈을 볼 것으로 기대했지만 어둠만 보였다.

AI가 해독한 문장

I just continued to walk up to the window and open the glass. I stood on my toes and peered out. I did not see anything and looked up again. I saw nothing.

나는 쭉 창으로 걸어가 창문을 열었다. 발끝으로 서서 밖을 내다보았다. 아무것도 보이지 않았고 다시 올려다보았지만 아무것도 보이지 않았다.

연구 참가자들에게 다양한 이미지를 보여주면서 그들의 뇌 활동을 fMRI로 기록한 후, fMRI 데이터를 기계 학습 알고리즘으로 학습시켰다. 뇌 활동 패턴으로 본 이미지를 예측하는 AI 모델을 구축한 것이다. 그림에서 보듯이 연구의 결과는 놀라울 정도로 정확했다. AI가 인간의 마음을 해킹한 것이다.

다른 연구팀은 인간이 읽은 문장을 알아내기도 했다. 연구 참가자들에게 특정 문장을 읽게 하고, 그들의 뇌 활동을 fMRI를 통해 기록한 다음 머신러닝 알고리즘이 뇌 활동 패턴과 읽힌 문장 사이의 관계를 학습했다. AI는 참가자가 읽은 문장을 〈표 1-1〉과 같이 매우 비슷하게 해독했다.[9]

이러한 연구는 언어 표현에 장애를 갖는 환자들의 의사소통 능력을 향상시키는 데 도움이 될 수 있다. 하지만, 이 기술이 악용되면 육체가 속박되어도 생각만은 자유로울 수 있었던 인간 고유의 인간다움을 크게 손상시킬 위험이 있다. 사람들이 "마음속으로 간음한 자는 간음한 자"라는 성경의 가르침을 실천하는 기술로 사용되지는 않겠지만, 독재자가 저항 투사의 생각을, 경찰이 피의자의 생각을 혹은 함께 사는 배우자의 생각을 읽어낸다고 상상해 보라.

---

9 Tang, J. et al.(2023/05/01), "Semantic reconstruction of continuous language from non-invasive brain recordings", *Nature Neuroscience*.

연이어 메타Meta(구 페이스북)라는 회사는 뇌-컴퓨터 인터페이스 BCI (Brain-Computer Interface)기술을 이용해 헬멧 착용자의 뇌 신호를 해석해서 그들이 보는 이미지를 실시간으로 재구성하는 데 성공했다.10 AI가 뇌에서 처리하는 시각 정보를 실시간으로 해독한 것이다. 뇌파의 전기 신호를 측정하는 장치인 EEGElectro encephalogram 헬멧을 사용했는데, 이 장치는 fMRI보다 훨씬 간단한 장치이다. 물론 fMRI를 이용한 연구보다는 덜 선명하고 정확도가 떨어졌지만, 간단한 장치로도 인간의 생각을 실시간으로 엿볼 수 있게 했다.

AI가 인간의 마음을 읽을 수 있는 능력을 갖추었다는 사실은 인류가 발전시켜 온 자유민주주의에 중대한 도전을 던진다. 자유민주주의는 개인의 자유와 권리를 존중하고, 특히 모든 시민이 정치적 과정에 참여할 수 있는 권리를 보장하는 정치 체제를 의미한다. 자유민주주의 체제는 인간은 개인이 자신의 행동을 자유롭게 선택하고 결정할 수 있는 "자유의지"를 갖고 있다는 가정에 기초한다.

만일 인간의 의식과 생각이 물질적 혈류의 패턴이라면, 혹은 뉴럴 네트워크 사이에 흐르는 호르몬과 같은 전달물질의 패턴에 불

---

10 https://ai.meta.com/blog/brain-ai-image-decoding-meg-magnet-oencephalography/?utm_source=twitter&utm_medium=organic_social&utm_campaign=research&utm_content=card.

과하다면 physicalism, 인간 정신의 자율성은 손상된다. 뇌의 물질적 상태에 의해 유발된 행동에 대해 자신이 책임질 수 없기 때문이다.

또한 물질적인 뇌의 상태에 의해 정치적 의사결정이 내려진다면, 그런 의사결정은 완전히 합리적이거나 자유로운 결정이 아니라는 것을 의미한다. 범죄에 대한 처벌, 교육에 의한 기회 제공과 결과에 따른 사회적 불평등에 대한 철학적 기초가 모두 흔들릴 수 있음을 의미한다. 다가오는 문명에서는 종교적 영성 spirituality이 자리 잡을 공간도 남아 있을지 의문이다. 이런 사회는 어떤 사회일까.

완성된 바벨탑

DeepL 등의 AI가 출현하여 언어 간 번역의 장벽을 거의 무너뜨리더니, 이제는 동영상 속의 언어도 순간적으로 번역해 내는 AI가 다수 생겨났다. 예를 들면, 'RASK.AI'라는 사이트에 전前 미국 대통령 트럼프가 연설하는 동영상을 올리고 한국어로 번역하라고 시키면 몇 초 후에 그가 한국말로 연설하는 장면을 보게 된다. 입 모양도 한국어 발음하는 모양으로 맞춘다. 트럼프 자신의 목소리로 한국말을 하고 더 정확한 발음으로 말을 하니 이제는 더빙하는 성우의 직업이 사라질 것이 뻔하다. 신의 권위에 도전하기 위해 바벨탑을 쌓던 인간들이 다시금 서로 자유롭게 의사소통을 할 수 있게 된 것이다.

수많은 온라인 영어 강의 콘텐츠들을 모두 한국말로 자동 번역해 들을 수 있으니, 코세라Coursera, 에듀엑스Eduex 등의 자료들이 한국인들에게 모두 접근 가능해졌다. 전 세계에서 강의를 제일 잘하는 교수 한 명만 강의하고, 나머지 교수들은 모두 조교TA 역할을 수행할 것이라는 미래 학자의 예견이 현실로 다가올지도 모른다.

비슷한 기술이 '딥페이크'라는 가짜 동영상을 만드는 데 활용되고 있다. 목소리 3초만 들려주면, 문자로 입력한 문장을 똑같은 목소리로 읽어준다. 이 기술은 이미 유괴범의 범죄에 사용되기도 한다. 미국에서 인스타그램에 있는 한 여성의 목소리를 학습한 AI가 그녀의 부모에게 납치되었으니 살려달라고 우는 동영상을 보낸 사건이 대표적인 예이다.

한편 동물들의 언어를 번역하고 있는 SETI라는 프로젝트가 진행되고 있다. 닭, 고양이, 개, 돌고래, 원숭이 등과 AI 번역기를 통해 인간이 대화를 하기 시작한 것이다. 이와 같이 뇌의 활동을 읽는 AI 기술이 인간 두뇌와 슈퍼컴퓨터에 탑재된 AI와 실시간으로 의사소통하는 데 쓰일 것은 자명하다.

일론 머스크가 세운 회사 뉴럴 링크Neural Link는 뇌-컴퓨터 인터페이스 기술을 개발해서 인간 뇌와 AI를 직접 연결하여 뇌 기능을 획기적으로 향상시키려고 한다. 초소형 뇌 임플란트 장치인 '링크'는 뇌의 신경 세포와 직접적으로 연결되어 뇌 활동을 모니터링하고, 필요한 경우 신호를 보내어 뇌 기능을 조절할 수도 있다. 이 기술은 뇌 손상, 신경계 질환, 정신질환 등의 치료에 활용될 수 있으며, 또한 AI로부터 받은 정보에 의거해서 인간의 인지 능력을 향상시키는 데 사용될 수 있다.

목뼈가 부러져 뇌와 몸의 신경이 끊어진 사람의 신경을 이어주는 연구도 진행하고 있으며, 이미 목뼈가 부러진 돼지의 뇌 신경을 몸에 이어줘 걸을 수 있게 만들기도 했다. 이 회사는 최근에 원숭이의 뇌에 칩을 심고 뇌 신호를 읽어 컴퓨터에 타자를 치는 실험에 성공했다. 원숭이가 불이 들어온 화면 자판을 누르게 한 후 원숭이의 뇌 신호를 칩에 기록하고 이를 해독하여 입력 자판을 재생한 것이다.

뇌 활동 영상의 복잡한 이미지에 드러난 패턴을 읽는 일을 AI가 매우 잘할 수 있는 것으로 알려지자, 복잡한 패턴을 학습하는 영역이 점차로 많아지고 있다.

가령 Wi-Fi 중계기가 발신한 전파는 다시 중계기로 돌아온다. 전파는 방 안의 가구나 사람 등에 의해 이리저리 반사된 후 돌아오기 때문에 방 안 구조물의 배치나 형태의 정보를 담고 있다. 이 패턴을 학습한 AI는 마치 감시 카메라처럼 방 안의 사람과 가구의 형태를 재생할 수 있음이 밝혀졌다. 이제 거의 모든 방에 감시 카메라가 설치된 것이나 마찬가지가 된 것이다.

AI와 인간 정체성

화가가 되기 위해 10년 이상 서양화 그림 수업을 받던 미술대학 지망생은 자신보다 창의적으로 그림을 더 잘 그리는 AI를 보고 자신의 정체성에 대해 의문을 갖게 되었다. 자기보다 AI의 실력이 더 빨리 늘 텐데, 자신만이 추구할 수 있는 회화의 가치와 의미는 무엇일까? 그림 그리면서 느끼는 감정과 그리는 과정에 대한 기억(가령 얼굴을 스쳤던 바람에 대한 기억)의 의미는 손상된 것인가?

이런 질문은 특정한 직업을 꿈으로 갖는 젊은이들에게도 그대로 투영된다. 세상의 모든 지식을 다 학습한 AI가 바로 옆에 있을 때, 지식을 습득한다는 것의 의미가 무엇인가? 코딩을 완벽하게 하는 AI가 나올 텐데, 코딩을 배운다는 것은 무엇을 의미하는가? 전문 지식의 중요성이 축소되어 갈 텐데, 앞으로 자식을 어떻게 교육해야 하는가?

막스 베버는 과학이 발전함에 따라 탈脫주술화가 진행되고, 결국 인간은 자연현상으로부터 탈脫매혹화disenchantment하는 과정을 겪는다고 진단했다. 번개를 신비로움과 경외의 대상으로 받아들이던 사람들이 과학이론에 따라 번개를 전기의 스파크로 이해하면서 매혹은 사라졌다. 인간이 추구하던 의미도 탈脫의미화 과정을 거칠 것으로 예상된다. 뿐만 아니라 초인간적 지능

Superhuman Intelligence이 옆에 있을 때, 인간 지능이 갖는 의미는 초라해질 것이다. AI와 인간의 상호작용이 확대되면서 인간관계의 영역은 축소되는 새로운 사회에 살게 될 것이다.

또한 '나는 남자이다, 중산층이다' 등과 같은 사회적 범주 social category가 주는 정체성도 퇴색될 것이다. 사람들은 빅데이터의 위치에 따라 새로운 분류체계로 흡수될 것이기 때문에 전통적인 사회적 범주는 약화된다. 가령 손흥민과 메시라는 축구 선수의 활동은 n차원의 벡터로 표현할 수 있다. 게임당 슈팅 수, 골 수, 오프사이드 범한 수, 성공한 패스라는 4개의 변수만 고려한다면, 두 선수의 성과는 4차원 벡터에 표현된다. 마찬가지로 사람들의 구매, 관람, 인터넷 서핑, 전화 걸기 등 모든 활동은 빅데이터 안에 n차원의 벡터로 표현된다.

빅데이터를 분석하는 AI는 인간들을 새로운 방법으로 분류하기 시작했다. 전통적 사회에서 부여받았던 남자와 여자의 정체성보다는 빅데이터의 n차원에서의 위치에 의해, 예를 들면, 축구를 좋아하는 사람과 아닌 사람으로 분류될 수 있는 것이다. AI가 제공한 새로운 분류체계가 광고나 판매, 정치적 설득 등에 유리하다면 인간은 AI에 의해 새로운 자아 정체성을 부여받게 된다. 결국 전통적 사회과학적 변수들의 유용성은 AI의 분류체계에 의해 대체되어 갈 것으로 보인다.

나오며

유발 하라리의 《사피엔스》 출간 10주년 특별판 서문에는 이런 문장이 있다.

나는 다시 출발점으로 돌아가 상상 속의 질서와 지배적 구조를 창조해 내는 인류의 독특한 능력을 재검토해야겠다는 생각이 들었다.

이 말은 챗GPT가 써 주었다고 하라리는 고백했다. 그는 "충격으로 입을 다물지 못했다"고 털어놨다. 가장 핵심적인 내용을 간파했을 뿐 아니라, 10주년 특별판 서문으로 가장 적절한 내용을 제안했기 때문이다.

최근에 나는 오픈AI의 GPTs를 활용하여 나만의 AI를 만들었다. 내가 평생 쓴 영어 논문들을 학습시킨 후 구체적인 질문을 던졌더니, 오래전 써서 가물가물하던 내용을 정확하게 집어내어 답한다.

《무서울 정도로 똑똑함 Scary Smart》 구글 개발자가 AI에 관해 쓴 책의 제목이 요즘 내가 AI를 사용하면서 가끔씩 느끼는 놀라움이다. 아직 갓난아기 AI인데 …. 지난 1년간의 AI 발전 속도를 보면 앞으로 20년 후에 인간이 마주할 AI는 어떤 모습으로 변해 있을지 가늠조차 안 가지만, 'Scary Smart'할 것은 분명하다.

이 놀라움 때문에 "처녀비행 하는 로켓에 온 인류가 탑승한 꼴"이라고 느끼는지 모른다. 바로 이 불안을 해소하고자 AI의 규제에 대한 국제적 공조가 생겨나고 있다. 핵무기의 위험성을 국제적 공조로 규제했듯이, AI도 그래야 한다는 공감대가 생겨나고 있는 것이다.

2023년 말 G7 정상들이 합의한 히로시마 AI 프로세스가 대표적이다. 이 프로세스는 첨단 AI 개발 원칙과 개발자의 행동 강령을 담고 있다. 이러한 국제 협약의 실효성이 얼마나 될지 알 수 없지만, 이러한 움직임이 Boomer와 Doomer 사이에 존재하는 Coomer의 입장일 것이다.

기술은 사회 안에서 만들어진다. 사회 구성원 모두가 경각심을 갖고 AI의 잠재적 위험성에 대한 담론을 확대하며 공유하는 것이 인류가 AI와 더불어 사는 지름길이다. 여기에 사회과학자들에 의한 AI 담론 형성의 중요성이 놓여 있다.

참고문헌

Bubeck, S. et al.(2023), "Sparks of Artificial General Intelligence: Early experiments with GPT-4", arXiv:2303,12712, v1.

Nahas, K.(2023), "AI re-creates what people see by reading their brain scans: A new artificial intelligence system can reconstruct images a person saw based on their brain activity", *Science*.

Ozcelik, F. & VanRullen, R.(2023), "Natural scene reconstruction from fMRI signals using generative latent diffusion", *Scientific Reports*, 13(1).

Tang, J. et al.(2023), "Semantic reconstruction of continuous language from non-invasive brain recordings", *Nature Neuroscience*.

Toffler, A.(1980), *The Third Wave*, New York: William Morrow and Company, Inc.

Yu T. & Shinji N.(2023), "High-resolution image reconstruction with latent diffusion models from human brain activity", *Science*.

2장

21세기 문명 전환과 미래를 위한 정치·정치학

조화순
(연세대학교 정치외교학과 교수)

함지현
(연세대학교 대학원 정치학과 박사과정)

21세기 문명대전환,
정치와 정치학은 바뀌고 있는가

네트워크와 정보기술의 발전을 토대로 등장한 새로운 문명이 21세기를 기점으로 인류 역사의 전환을 이끌어왔다. 최근 수년 간 지켜보는 인공지능 기술의 놀라운 발전은 이러한 변화에 더욱 박차를 가하고 있다.

2022년 출시된 생성형 인공지능인 챗GPT는 인간의 집단학습을 추월하는 모습을 보이며 포스트 휴먼 시대의 등장에 대한 논의마저 불러왔고, 이는 기술문명의 새 시대가 도래했음을 알리는 티핑 포인트tipping point로 작용했다. 20세기 중후반부터 시작된 '정보혁명information revolution'이라 지칭되는 일련의 변화들이 거대한 전환의 본류라기보다는 오히려 서막에 가까운 것이었음을 암시하는 시점이다.

중요한 것은 이러한 문명의 변혁은 국가·시장·시민사회의 새로운 관계를 만들어 낸다는 점이다. 그리고 문명 변혁과 현존하는 사회 시스템을 연결하는 것은 정치이다. 따라서 변화의 시대에 조정적 역할을 담당하는 정치 메커니즘이 어떻게 반응하고 적응하는지에 우리는 주목해야 한다. 인류사에서 발생했던 문명의 변화를 정치의 변화라는 차원에서 다룰 필요성이 있는 것이다.

예컨대 산업혁명은 절대왕정 시기에 종언을 고한 시민혁명과 맞물려 민주적 형태에 기반한 근대국가 체계를 만들어 냈고, 정보혁명은 기술을 통해 대리인이 주권자인 시민을 대신하는 기제를 더욱 효과적으로 작동하게 하여 대의민주주의의 발전을 불러왔다. 그렇다면 21세기의 정치는 새로운 시대로의 변화에 걸맞은 준비태세를 갖추고 있을까?

안타깝게도 21세기의 정치에 대한 평가는 적어도 지금까지는 긍정적이지 않다. 산업사회와 정보혁명 속에서 만들어진 시스템에 기대고 있는 지금의 대의제 민주주의는 보다 더 직접적인 민주주의로의 변화에 적절히 대응하지 못하고 있다. 네트워크화가 가속되면서 기존의 제도들을 우회한 직접적 소통과 교류가 증가하고 있지만 이러한 변화에 정치가 적절하게 대응하지 못한 것이다. 이러한 '정치의 부재 absence of politics' 속에서 빅데이터 big data나 인공지능으로 인해 발생하는 문제들, 예를 들어 가짜뉴스와 탈진실 문제, 포퓰리즘 등의 현상들이 민주주의의 근간을 위협하고 있다.

그렇다면 21세기 문명대변혁이 보다 긍정적이고 혁신적인 차원으로 도약하는 계기가 되기 위해서는 어떻게 해야 할까? 그 핵심이 정치에 있다고 한다면 정치는 어떻게 조정하고 대응해야 할까? 다음의 내용들을 통해 우선 AI를 필두로 한 새로운 기술문명이 이전의 문명과 어떤 차이가 있는지, 그리고 이러한 변화들은 민주주의에 어떤 도전을 발생시키고 있는지를 살펴볼 것이다. 이를 토대로 변화에 맞는 정치발전을 위해 검토해 볼 수 있는 민주주의 관점에서의 대안들과 이를 논의하기 위한 정치학 연구 패러다임 변화의 필요성을 논의하고자 한다.

21세기 문명, 무엇이 다른가

디지털 기술과 20세기 자본주의 패러다임의 변화

문명사적 시각으로 인간사회가 겪어온 변화들을 돌아보는 논의들이 제시하는 중대한 분기점들은 대부분 몇 가지로 수렴하고 있다.

첫째, 농업혁명으로 인해 유목민이었던 인간이 정착생활을 하기 시작했다. 농업혁명 이후 본격적으로 인류는 문명의 범주로 개념화할 수 있는 사회적 발전들을 도모해 왔고, 소규모의 공동체에서 시작해 국가에 이르기까지의 사회체계가 형성되었다.

이후 서양에서 발생했던 인쇄기와 종교개혁, 르네상스와 계몽주의 운동은 공고한 국가권력에 균열로 작용했다. 이후 발생한 산업혁명은 부르주아 시민계급의 성장을 촉진하며 근대국가의 기반이 되었으며, 시장경제를 전제로 한 국가를 설립시키면서 자본주의의 발전과 확산을 불러왔다.

앞서 언급한 주요한 혁명들은 인간이 도구로서 사용한 기계의 변화라고도 할 수 있다. 그런 점에서 인간의 삶에 기계가 미친 영향은 실로 막대하다. 그중에서도 산업혁명의 경우 인간이 하던 생산 등의 업무들을 기계에 담당시켰다는 점에서 혁명적이었다고 평가된다. 그러나 디지털 기술은 20세기까지 인류가 축적해 온 자본주의 기반의 사회 패러다임 자체를 근본적으로 뒤흔들고 있다. 기술의 발전이 기존과 다른 사회적 관계와 권력을 만들어 내면서 또 한 번 인류는 대변혁을 맞이하게 된 것이다.

인간 삶의 중요한 본질 중 하나인 '노동'의 예를 통해 생각해 보자. 수렵채집사회와 농경사회 및 봉건사회에서 일을 통한 삶 의 영위라는 기본적 인간사회의 원칙은 지켜져 왔다. 따라서 인 간은 각자에게 부여된 사회적 역할에 걸맞은 노동의 의무를 다 하며 살아왔다.

산업혁명은 기계들이 인간의 노동을 대체할 것이라는 우려와 이에 기반한 러다이트 운동Luddite Movement을 불러왔다. 그러나 그 정신이 무색하게도 산업혁명 이후로 오히려 노동의 양식과 형식 은 다양해졌다. 기술의 발전으로 인해 새롭게 생겨나는 영역들 에 기계와 기술을 다루는 인간의 노동력이 필요해졌기 때문이다.

그런가 하면 노동과 관련한 기본적인 사회적 규칙들이 마련되 기도 하면서 노동권 개념이 생겨나고 발전하기 시작했다. '기계 의 도입은 사람들을 일터에서 몰아낼 것'이라는 마르크스Karl Marx 의 시각 또한 빛이 바래는 듯했다.

그러나 지금, 다시 한 번 기술적 실업에 대한 인류의 오랜 불 안함이 가시화되고 있다. 미국의 투자은행 골드만삭스Goldman

Sachs에서 발간한 한 보고서에 따르면, 인공지능 및 자동화의 영향을 받기 어려운 육체노동이 소요되는 업무를 제외하면, 미국을 기준으로 기존 노동자 중 25~50%는 기술적 실업을 겪게 될 수 있다고 한다. 특히 사무 및 경영의 분야에서는 46%의 직업이 인공지능으로 인해 대체될 수 있다고 한다(Hatzius et al., 2023). 실제로 이런 양상은 현재 드물지 않게 목격되고 있고 특히 제조업과 서비스업 분야에서는 노동혁신의 범위가 급격하게 확대되고 있다.

그런가 하면 기술혁신과 융합으로 인해 플랫폼 노동이라는 새로운 형태의 노동이 등장하기도 했는데, 그것을 제도화하는 과정에서 국가, 기존의 이익집단과 새로운 이해 당사자들은 갈등을 겪고 있기도 하다. 혹은 기존 제도가 설명하지 못하는, 노동자들이 노동권에서 배제되는 문제도 발생하고 있다. 우버, 타다 등 승차공유 서비스의 사례들이 그 대표적인 예이다.

이는 단순히 몇 개의 일자리가 없어지거나 또 다른 종류의 일자리가 생기는 수준의 문제가 아니다. 인공지능이 일자리를 대체한다는 것의 의미는 인류가 수고스럽게 했던 일들에 편리성을 가미하는 수준의 변화를 뜻하지 않는다. 인류가 지성을 발휘해 왔던 지적 과업들이 대체됨으로 인해 노동하는 인간의 본질 자체가 위협을 받게 된다는 것이 변화의 온전한 포착이다.

노동의 예를 통해 살펴본 것처럼, 21세기의 기술문명은 범위와 깊이, 넓이 측면에서 우리가 전에 알지 못했던 패러다임 전환을 추동하고 있다. 결과를 예측하거나 대비하기 어렵게 하는 포괄적 변화가 발생하면서 20세기적 자본주의 패러다임이 구시대의 유물로 저물어가고 있을 정도이다.

그러나 이러한 변화에 비해 그 파급력에 대응할 수 있는 제도와 조직을 만들 수 있는 시간적 여유는 충분하지 않았다. 변화가 급속도로 이루어지고 있는 까닭에 그렇다. 제도와 현상이 괴리를 겪는 많은 지점들은 갈등과 혼란의 장이 되며 사회적 비용을 증가시키고 있다.

초연결 – 초지능 사회와 20세기 근대국가체제의 변화

사회의 발전과 인간사회의 확장은 언제나 인간이 다른 인간과, 집단이 다른 집단과 접촉하고 연결되는 곳에서 이루어져 왔다. 그러나 정보혁명 이후 기술문명이 제공하는 연결의 경험이란 그 이전의 그것과 매우 다르다. 이런 현상은 시간과 공간의 물리적 제약을 초월해 언제나 누구에게나 사실상 제한 없이 연결될 수 있다는 점에서 '초연결'이라는 개념으로도 설명된다.

1960년대 후반에 아르파넷ARPANET의 형태로 인터넷이 처음 개발되었을 때, 개발자들은 지금의 상황을 예상했을까? 아마 이렇게 빠른 시일에 이 정도의 영향력이 발생하리라 상상하기는 어려웠을 것이다. 정보혁명은 초기부터 시작해서 21세기 초반에 이르기까지 우리 사회를 완전히 바꾸어 놓았다. 인간과 인간이, 그리고 심지어 인간과 기계가 인터넷을 매개로 언제 어디서나 연결되어 거대한 네트워크를 형성한 사회가 실현되기까지는 그리 오랜 시간이 걸리지 않았다. 그리고 그보다 더 짧은 시간 동안 인터넷은 존재하는 거의 모든 것들을 실시간으로 연결시키는 매개이자 모든 것이 데이터화되는 장이 되었다.

이렇게 네트워크 사회는 기술의 발전과 함께 새로운 소통의 기회와 관리 차원에서의 혁신을 가능하게 했다. 21세기 문명이 갖는 특징 중 하나는 바로 이렇게 모든 것이 연결되어 있고, 그 수준이 상당히 심화된 차원에 다다랐다는 것이다.

한편 기술의 능력은 연결의 측면에서만 두각을 드러낸 것은 아니었다. 인공지능은 어느 정도 인간을 대체할 수 있었던 20세기의 기계들에서 더 나아가 거의 대부분의 '지적인' 업무들에서도 인간을 대체할 수 있게 되었기 때문이다. 21세기 기술문명을 설명함에 있어 초연결과 함께 '초지능'이라는 개념이 대두되고 있는 것은 바로 이러한 인공지능의 특징이다.

초지능 혹은 초지능화 현상은 앞서 살펴본 초연결성의 확보를 통해 가능하게 되었다. 상술한 것과 같이 하드웨어 간의 연결성이 획기적으로 향상되면서 우리가 남기는 거의 모든 흔적이 데이터화되어 저장 및 공유되고, 동시에 이를 보관 및 처리하거나 분석할 수 있는 기술들이 급격하게 발전했다. 기계가 인간이 만들어 낸 데이터를 통해 인간에 근접한 수준의 지능을 갖게 된 이유이다. 이렇게 연결성과 지적 능력의 도약은 인간사회의 생활방식뿐 아니라 정치제도, 경제체제, 산업구조, 국가정책 등에 매우 중대한 변혁을 발생시키고 있다. 특히 20세기까지 형성되어 온 근대국가체제가 막을 내리고 있다는 점에 주목할 필요가 있다.

베스트팔렌 체제에 입각한 근대국가는 중세 봉건국가와 그 이후 등장한 절대왕정 국가가 쇠락한 이후 다양했던 통치의 형태들이 통일된 형태로 나타난 것이다. 21세기 문명에서 근대국가의 개념은 다시 새롭게 정의되고 있다. 일반적으로 근대국가는 주권, 영토, 국민의 요소로 구성되었다고 개념화되는데, 이런 각 구성요소들이 상당 부분 변화하고 있기 때문이다.

무엇보다 가장 중대한 변화가 영토 개념과 관련한 것이다. 사이버 공간의 확장으로 인해 물리적 영토가 가지는 중요성이 하락한 것이 그 근본적인 이유이다. 사이버 공간을 권력이 행사되는 물리적 공간이 아닌 '비공간no place'으로 여기는 경향이 많았던 과거의 통념과 달리, 현재 사이버 공간에서는 안보 위협, 범죄 등 실제 국가의 주권행사가 필요한 현상들이 일상적으로 관찰된다.

사이버 범죄는 사회에 실질적인 비용을 발생시키고 있으며 사이버 안보 위협 또한 물리적인 것보다 더 빈번하고 실질적 안보 문제로 작용하고 있다. 즉, 사이버 공간이 국가 주권을 필요로 하는 영토가 되어가는 동시에 국가 안보 위기가 전통적 영토의 범위를 넘어서 발생하는 현상이 동시에 일어나고 있다(Herrera, 2016).

이에 따라 근대국가의 주요 구성요소인 주권의 작용방식도 변화할 수밖에 없고 국가들은 이에 대응하기 위해 국내적인 제도 정비를 하는 한편 국제적 차원에서의 논의를 개진하고 있다. 사이버전에 적용되는 국제규범을 담은 탈린 매뉴얼Tallinn Manual도 그러한 노력의 일환이라고 할 수 있다.

21세기 문명변혁과 민주주의

이렇게 디지털 기술을 필두로 한 21세기 문명은 경제적으로는 자본주의에, 정치적으로는 근대국가체제 및 민주주의에 근거한 20세기적 패러다임의 전환을 요구하고 있다. 특히 민주주의는 20세기를 거치며 이념의 종언과도 같은 상황들 속에서 최후에 생존한 정치체제로 여겨지기도 했다.

그러나 21세기 문명은 공고해 보였던 민주주의에 위기를 불러왔고 이는 정치와 정치학의 적극적인 역할을 요구하고 있다. 대표적으로 다음과 같은 현상들이 대표적인 민주주의의 병적 징후로 지적된다.

포퓰리즘과 정치적 양극화

세계화와 함께 확산되었던 민주주의의 물결로 인해 수십 년간 '민주주의 공고화'가 화두가 된 시기가 있었다. 그러나 21세기 초반 세계는 '민주주의 탈脫공고화' 현상, 즉 민주주의 공동체의 와해를 마주하고 있다.

세계화와 기술 발전이 동시에 일어나는 각 사회에서 생존을 향한 경쟁은 더욱 치열해져 가고 이런 상황은 사회 안전망이 미치지 못하는 사각지대들을 만들어내기 마련이다(Runciman, 2018). 이런 균열은 대중인기영합주의, 이른바 '포퓰리즘populism'이 성장하는 좋은 공간이 된다.

유럽 공동체의 중요한 축으로 핵심적 역할을 해왔던 영국이 EU를 탈퇴하겠다는 국민투표를 실시하고 그 결과 탈퇴가 현실화된 브렉시트Brexit 사태는 유럽을 넘어 세계에 충격을 주었다. 극단적 발언으로 연일 화제와 논란의 중심에 섰던 도널드 트럼프Donald Trump가 미국의 대통령으로 선출된 것도 마찬가지였다. 그런가 하면 프랑스에서는 2017년 대선에서 국민전선Front National이라는 포퓰리즘적 정당이 결선투표에 진출하기도 했다. 스페인 포데모스Podemos, 이탈리아 오성운동Movimento 5 Stelle 등의 정당들은 온라인 네트워크를 통해 더욱 활성화되면서 제도권 정치의 중심에서 정치를 변화시키고 있다.

이렇게 민주주의의 위기는 민주주의의 변방이 아닌 선진민주국가를 중심으로 확산되기 시작했다. 세계 공동체를 아우르는 보편적 규범과 가치를 수립하고 이끌어왔던 서구 민주주의 국가들 내부에서 이미 경제적 양극화에 대한 사회적 박탈감과 갈등이 지속적으로 심화되어 온 상황이었기 때문이다. 국제사회에서 책임 있는 리더십을 수행하기보다는 국내적인 불만과 요구에 반응하는 정치가 서구 민주주의 국가들의 담론을 지배한 것이다.

보다 더 최근에는 포퓰리즘이 선진 민주국가들을 넘어 전 세계에서 보편적 현상으로 자리매김하고 있다. 일례로 2023년 치러진 아르헨티나 대선에서 대통령으로 당선된 하비에르 밀레이 Javier Milei는 중앙은행 폐지, 미국 달러의 공식 법정통화 채택, 총기 자유화, 장기 매매 합법화 등의 공약을 내세우며 '전기톱 대통령'으로 불리기도 한다. 심각한 경제 위기 속에서 아르헨티나 국민들의 실험적인 선택이 어떤 결과를 불러올지 세계가 주목하고 있다.

비단 아르헨티나의 문제뿐 아니라 민주주의 후발주자 국가들 사이에서도 주요 선거에 등장하는 포퓰리즘적 공약들과 포퓰리즘적 정당 및 정치인의 제도권 정치 진출은 이제 더 이상 낯설거나 놀랍기만 한 일은 아니다.

이렇게 극단적 형태의 정치담론이 실제로 권력을 창출하고 있는 한편, 기존의 제도권 정치에서는 정치적 양극화 political polarization가 더욱 심화되고 있다. 기술의 발달 속에서 유권자들은 더욱 편리하게 자신이 원하는 정보만을 선택하여 제공받고, 자신이 원하는 사람들하고만 소통할 수 있게 되었다. 최근 다양한 연구들은 에코체임버 echo chamber, 호모필리 homophily와 같은 현상들이 유권자 집단뿐 아니라 정치엘리트 수준에서도 매우 심각한 수준으로 드러나고 있음을 밝히며 우려스러운 시각을 제기하고 있다.

더욱이 이러한 정치적 양극화가 단순히 이념과 의견의 대립이 아니라 정서적 양극화, 즉 서로에 대한 적대적 감정이 작용하는 형태를 띠고 있다는 점은 큰 문제이다(Iyengar et al., 2019). 자신의 지지정당에 대한 정서적 애착과 상대 정파에 대한 무조건적 거부감은 정치를 통한 갈등의 해소를 요원하게 하기 때문이다.

한국에서 나타나고 있는 팬덤 정치 등의 현상도 그 연장선상에 있다. 정치엘리트와 제도권 정당의 정치지형은 더욱 양극화되어 '반대를 위한 반대' 속에서 정치의 실종은 일상이 되어 간다. 프랜시스 후쿠야마Francis Fukuyama는 이런 현상을 '비토크라시vetocracy, 거부권 정치'라고 일컫기도 했다(Fukuyama, 2014).

종합하여 살펴보면, 세계화와 정보화가 심화되면서 발생하고 있는 사회적 박탈감은 포퓰리즘과 극단적 정치세력의 등장 등 정치적 양극화를 낳았다. 그리고 이러한 정치적 양극화는 유권자와 정치엘리트 집단 모두에게서 관찰되고 있는 정서적 양극화로 변질되었다.

특히 정서적 양극화의 경우, 온라인 공간을 통해 확산됨으로 인해 문명 변화와 아울러 민주주의의 위기를 더욱 심화시켰다. 이는 정치 지형을 왜곡시키며 민주적인 심의審議 과정을 해치고 있는바, 이에 대한 대응이 절실한 상황이다.

네트워크 기술과 탈진실 사회의 도래

인터넷이 보급되고 네트워크로 인한 연결성이 획기적으로 증가하던 시기, 학문 공동체 내에서는 디지털 기술이 변화시킬 민주주의의 긍정적 미래를 그리는 담론이 형성되었다. 물론 인터넷과 네트워크 기술이 불러올 부정적 영향을 우려하는 학자들도 있었지만, 시민참여의 증대나 정부의 투명성 강화, 정치-시민 간 활발한 연계의 측면에서 인터넷은 오래된 장벽들을 허물 수 있도록 하는 유용한 도구였던 것이 분명하다.

실제로 많은 실증 연구들을 통해서도 인터넷 커뮤니티나 소셜미디어 등이 정치과정에 미친 긍정적 영향은 증명되었다. 뿐만 아니라 아랍의 봄이나 홍콩의 우산혁명 등의 사례에서도 SNS를 통해 연결된 시민들은 중요한 역할을 수행하기도 했다.

그러나 현재의 기술 발전은 참여의 측면에서 또 다른 국면을 열고 있다. 바로 소셜미디어에서 흔하게 발견되고 있는 가짜뉴스fake news와 오정보misinformation의 문제이다. 네트워크는 참여와 변화를 선도하는 기제가 될 수 있는 동시에 바람직하지 않은 정보나 사회운동이 조직되고 확산되는 통로로 기능하기도 한다. 특히 AI 기술로 인해 정교한 가짜를 만들어 내는 것이 기술적으로 가능하게 되면서 오정보의 문제는 우리에게 실질적으로 다가온다.

'딥페이크deep fake' 기술로 조작된 영상들이 선거과정에서 큰 문제가 되었던 미국의 사례를 생각해 보자. 지난 대선들에서뿐 아니라 다가오는 2024년 대선에서도 AI 기술과 딥페이크 문제는 중요한 이슈로 전면에 등장했다. 조 바이든Joe Biden 미국 대통령이 성소수자를 향한 혐오발언을 한다거나, 힐러리 클린턴Hilary Clinton이 공화당 소속의 플로리다 주지사인 론 드산티스Ron De-Santis를 지지한다는 발언을 하는 영상들이 확산된 것은 미국 사회에 큰 충격이었으며 한국도 이런 문제에서 자유롭지 못하다.

정서적 양극화의 심화는 '탈脫진실 사회'의 토양을 구성함으로써, 서로를 공격하기 위해 잘못된 정보를 만들어 유포하고 그것을 다시 의심 없이 받아들이면서 확산시키는 악순환 구조를 고착화시키고 있다. 즉, 가짜뉴스와 허위정보 등 '탈진실post-truth 사회'는 첫째로 기술적 생태계 속에서 그 파급력과 전달성이 확대된 것에서 기인하고, 둘째로 자신의 생각과 일치하는 정보를 선별하여 집단에 동조하고자 하는 인간의 심리적 본성에 근원을 두며 작동한다. 여기에 더해 조작된 정보를 이용하는 독자층을 통해 이익을 창출하는 비즈니스 모델의 등장은 이런 문제를 더욱 심화시킨다.

이렇게 가짜뉴스와 허위정보들은 소셜미디어 공간을 매개로 급속도로 확산되고 있다. 정보를 얻기 위해 뉴스를 '검색'하던 시대가 지나고, 이제 대중들은 자신의 지인들을 통해 공유되거나 소셜미디어의 알고리즘을 통해 선별적으로 제공되는 정보를 획득하는 시대이다. 알고리즘Algorithm은 사실 정치적 편향성을 교정하기 위해 기계적으로 트렌딩trending을 제공하고자 도입된 것이다. 이런 알고리즘이 도리어 가짜뉴스와 허위정보 확산의 주범이 되면서 정보 생태계와 정치 공동체에 적지 않은 타격을 주고 있다는 것은 놀라운 일이다.

인간의 통제를 벗어난 알고리즘이 불러올 폐해는 상상의 범주 이상이다. 그리고 더욱 우려스러운 점은 자동화 과정과 알고리즘에 의존함으로 인해 점점 어려운 결정들을 내리는 권한을 기계에 위임하고 있다는 사실이다.

기계에 의존한다는 것은 더 정확히 말해서 기술에 정통하고 정보를 독점하고 있는 집단에 사회의 중요한 문제들을 결정할 수 있는 절대적 권력이 집중될 우려가 있다는 것을 의미한다. 동시에 불평등이나 편견 등을 반영하는 알고리즘에 따른 결정은 걷잡을 수 없는 사회적 비용이 수반될 결과를 초래할 수 있다.

이는 다가올 미래가 아니라 당장 우리가 목격하고 있는 문제들이기도 하다. 수리적 모델에 기반해 구성된 알고리즘은 현재도 우리가 인지하지 못한 채 곳곳에서 사회적 차별과 불평등을 고착화시키고 있다. 수학자이자 데이터 과학자인 캐시 오닐Cathy O'Neil은 '대량살상 수학무기Weapons of Math Destruction'라는 개념으로 이러한 알고리즘의 파급력을 강조한 바 있다(O'Neil, 2017).

이런 파급력을 보유한 알고리즘에 잘못된 혹은 의도적으로 조작된 정보가 주입되었을 때 그 결과는 사회에 너무나 치명적일 수 있다. 그리고 이런 상황에서 기술의 발전만 가속화될 때 탈진실 현상을 심화시킬 콘텐츠들이 더욱 풍부해질 위험이 있다. 인공지능과 챗GPT 등의 거대언어모델Large Language Model은 분석을 통해 해답을 제시하기보다 데이터를 조합하여 그럴듯하게 만들어 내는 작업에 더욱 탁월하기 때문이다.

물론 인공지능 기술은 지금보다 훨씬 더 많은 가능성을 인류에게 제공할 것이며, 기술의 발전을 위한 적극적인 투자와 사회 차원에서의 자본 투입이 요구된다. 가장 중요한 것은 그것이 긍정적 가능성을 향해 가도록 바른 방향을 설정해 추진력을 가하는 것이다.

결국 지금의 문명 전환기는 민주주의를 약화시키는 탈진실 사회의 요인들을 제거하기 위한 혁신이 필요한 시점이다. 소셜미디어를 통해 유의미한 방향으로 정치적 참여를 하고 그로써 효능감을 느끼는 집단과 직접민주주의를 향한 대중의 열망 자체는 포용하되, 네트워크의 부정적 영향을 교정하기 위한 정교한 제도설계가 요구된다. 이와 동시에 전문성에 기반한 사회적 문제 해결의 방식들이 정확한 정보로 제공되어 정책결정 과정에 반영되도록 해야 한다.

즉, 특정한 사회적 사안이 있을 때 네트워크 공간은 개방된 플랫폼을 제공하고, 그 안에서 정확하고 신빙성 있는 정보에 기반해 충분히 논의하는 전문가 집단의 생산적 노력이 수반되어야 할 것이다. 제도권 정치에서는 이런 논의를 심화하여 사회적 타협과 조정, 혁신을 이루어 가야 한다.

제도적 정합성의 결핍과 '대의제' 민주주의의 위기

기술문명은 정치의 체제적 특성도 바꾸고 있다. 정치체제 차원의 변화 중에서도 주목할 만한 점은 정치체를 구성하는 제도와 구조들이 일정한 형태를 가진 조직체polity의 모습으로 존재하던 과거와 달리 현재는 플랫폼platform과 같은 구조와 기능을 하는 방향으로 변화하고 있다는 점이다.

이런 특징을 가장 잘 드러내고 있는 조직이 바로 정당이다. 기존 정치과정에서 소외된 프레카리아트precariat 등의 불만이 네트워크를 통해 연결되면서 기존의 대중정당은 힘을 잃고 플랫폼 형식의 정당들이 전면에 등장하고 있는 것이다.

대중정당은 산업혁명적 생산논리에 기반한 정치체로, 외부와는 일정 정도 차단되면서 내부적으로는 수직적-위계적으로 통합을 이루어 집합적 정치활동을 통해 결과를 도출해 왔다. 그런데 이런 기성 정당의 지대추구적rent-seeking 행태가 지나친 거래

비용을 발생시켜 국민들에게 비판의 대상이 되었고, 여기에 더해 정치시장의 단편화 및 유연화는 기존과는 전혀 다른 형태의 정당체제를 등장시켰다. 최근 유럽을 중심으로 주목받고 있는 신생 정당들은 구조적으로 가벼우면서도 민첩하고 그 영향력이 매우 광범위하고 강력하다.

정당의 사례에서 볼 수 있듯이 현재의 민주주의를 구성하고 있는 대부분의 정치제도들은 시대의 변화에 부합하지 않는 경직성을 가지고 있다. 정부, 정당, 의회 등 기존의 통치제도와 대의 기제가 가지고 있던 권위는 급속도로 붕괴하고 있다. 그러다 보니 특히 현대 민주주의의 시그니처 signature 와 같이 여겨지는 대의제 민주주의 역시 위기에 처하게 됐다. 국가와 국민을 매개하는 정치제도들이 힘을 잃은 반면 직접적인 참여는 활성화되고 있고 다양한 기술들이 이것을 가능하게 하고 있다.

이탈리아 오성운동의 경우 '참여하라, 위임하지 말라 Partecipa, non delegare'라는 슬로건처럼 직접 법안을 발의하는 소프트웨어를 개발하고 블록체인 기술을 활용해, 보다 안전한 온라인 투표를 고안했다. 이는 직접 민주주의가 물리적으로 불가능한 것이 아님을 시사하는 사례이다. 이런 상황에서는 정당 자체가 소멸될 수 있다는 학자들의 경고도 허황되게 다가오지만은 않는다.

그런데 생각해 보아야 할 점이 한 가지 존재한다. 과연 순수한 직접 민주주의로의 변화가 긍정적이기만 하느냐는 것이다. 물론 말 그대로 '모든' 민의가 배제 없이 반영될 수 있다는 점 자체는 고무적일 수 있지만 기술문명의 성격과 우리가 지금 맞고 있는 민주주의 위기의 현상들을 검토한다면 완전한 직접 민주주의 역시 위험성을 가진다는 점을 알 수 있다.

과거에는 직접 민주주의가 물리적으로 불가능했기 때문에 대의 민주주의를 고수할 수밖에 없었지만 지금의 상황은 다르다. 기술적으로 가능해진 직접 민주주의가 실현된 현장들은 우리가 알지 못했던 직접 민주주의의 폐해들도 드러낸다. 가장 두드러지는 것은 소셜미디어 공간에서 군중이 마음에 들지 않는 모든 사람을 쉽게 공격하는 문제이다.

다수의 결정이 언제나 옳은 선택으로 귀결되지는 않을 수 있는 상황에서, 기술적 가능성 때문에 직접 민주주의가 사회 전반에 도입되는 것은 위험할 수 있다.

21세기 기술문명이 실증적으로 드러내고 있는 직접 민주주의의 위험성 이외에도, 근본적으로 민주주의가 직접적 참여 중심으로 이루어질 때 발생할 수 있는 문제들을 지적하는 견해가 존재한다. 이런 논의들은 집단의 다양성이 증가하고 규모가 커지면 합의를 통한 의사결정의 효율성이 급속도로 하락하며 직접 민주주의가 강화되는 속에서 역설적으로 민의가 왜곡될 수 있음을 지적한다. 더 큰 문제는 권력 분산이 큰 수준으로 심화되면 하향식 거버넌스_{top-down governance} 역시 작동에 차질을 빚게 된다는 것이다.

따라서 유연하면서도 혁신적인 거버넌스의 선택지들을 유지하기 위해, 대의제 민주주의가 바르게 기능하면서 필요한 경우 안전하게 설계된 직접 민주주의 기제들을 선택적으로 활용하는 방향성의 설정이 바람직해 보인다. 유연하고 혁신적인 새 관행과 제도를 설계하여 변화하는 문명에 조응하도록 해야 할 시점이다.

지금의 위기를 매개 권력이라는 시스템 자체의 문제로 볼 것이 아니라 매개 권력이 존재하고 작동하는 새로운 방식 자체가 무엇인지를 질문해야 한다는 것이다. 중간 역할을 하는 정치제도들이 사회적으로 계륵과 같이 여겨지기도 하는 상황이지만 이런 제도들이 민주주의에서 가지는 중요성과 필수성을 기억해야 한다(Mueller, 2022).

민주주의, 대안은 있는가

민주주의와 대안적 정치체제를 위한 다양한 실험들

디지털 기술의 도입은 대의 민주주의를 채택하는 국가들에서 참여 민주주의적 속성을 보완적으로 활용할 수 있는 기회가 되었다. 특히 정당 활동과 선거, 정치 참여 측면에서는 디지털 기술 발달 초기부터 관련 논의가 활발하게 개진되었다. 인터넷 공간에서 다양한 정당들은 유권자들과의 접점을 확대하고 있고 한국에서도 이런 사례들을 쉽게 찾아볼 수 있다. 정치인들이 소셜미디어를 통해 지지자들과 소통하거나 메타버스 공간에서 이루어지는 선거운동들이 이제는 낯선 현상이 아니다.

또 한국에서는 2015년 정당법 개정 이후 새정치민주연합(더불어민주당의 전신)을 필두로 모든 정당들이 온라인 당원을 맞기 시작했다. 최근 2024년 총선을 앞두고 창당한 개혁신당의 경우, 대표와 실무자를 포함하여 10명 정도의 인원이 창당 일주일이 채 되지 않아 5만 명 이상의 당원을 모집하기도 해 화제가 됐다.

물리적 조직이 전부였던 정당은 온라인 기반의 조직으로 확실하게 변화하고 있다. 포퓰리즘 정당의 사례로 제시했던 이탈리아 오성운동의 경우 디지털 기술을 매우 활발하게 사용하는 대표적 정당이다. 창당 초기부터 인터넷을 통한 직접 민주주의의 실현을 표방하고 있고, 그 핵심에는 자체 온라인 플랫폼인 '루소 Rousseau'가 있다. 루소에서 오성운동의 당원들은 직접 법안을 제안하고 다양한 정치 현안에 대한 의견을 제시한다.

여러 수준의 선거에서도 디지털 기술의 활용이 논의되거나 실제 실현되어 왔다. 다만 2010년대 초반까지는 보안을 문제로, 온라인·전자 투표를 정치 충원에 활용하는 것에 대해 회의적 시각이 지배적이었다.

그러나 최근 발전하고 있는 블록체인 기술을 실제 선거에 활용하고자 하는 논의들이 활성화되고 있는 것 또한 엄연한 사실이다. 미국, 일본, 스위스 등은 온라인 투표에 블록체인 기술을 도입하고자 검토 중이거나 실제 활용한 적이 있는 국가들이다.

스페인의 정당인 포데모스에서도 블록체인 기반의 플랫폼에서 온라인 프라이머리 online primary를 실시한다. 정당뿐 아니라 정부 차원에서도 선거 이외의 정치참여를 위한 플랫폼을 개발하고 제공하는 일이 당연시되고 있다.

다만 우리는 기술을 도입하는 것 자체가 민주주의의 병리 현상들을 즉각적으로 치유해 주거나 보완하지는 못한다는 것을 이미 경험적으로 확인한 바 있다. 즉, 기술이 유의미한 차원에서 민주주의를 보완하는 기제로 활용되게끔 하는 설계가 필요할 것으로 보인다.

디지털 기술을 활용해 민주주의의 참여 기능을 강화하는 것 이외에도, 새로운 정치체제를 구성하여 실험하려는 실천적 시도들이 있었다.

'비트네이션 Bitnation'(블록체인 기술을 토대로 만든 국가)이 대표적 사례이다. 2014년 7월, 스웨덴 출신 해커인 수잔 타르코프스키 템펠호프 Susanne Tarkowski Tempelhof는 탈중심적이고 국경이 없는, 자발적으로 참여한 시민들에 의한 가상국가의 설립을 선포했다.

수잔 템펠호프의 구상에 따르면, 비트네이션은 블록체인 기술을 활용하여 국가의 모든 행정 서비스를 온라인을 통해 암호화하여 제공한다. 그리고 이를 통해 중앙집권화된 체제가 아닌 자치적이고 자발적인 정치 조직을 지향한다. 사법의 집행도 명문화된 법체계 대신에, 개인들 간의 약속을 블록체인을 매개로 공증 받은 형태로 이루어진다.

원하는 사람이라면 누구나 이름, 주소, 이메일 정보를 제공하고 국적을 취득할 수 있으며 교육, 복지, 안전, 외교 등 일반적인 국가가 국민에게 제공하는 서비스를 새로운 방법으로 제공하는 디지털 가상국가이다. 실제 2018년까지 1만 5천여 명 이상의 시민들을 모으기도 했을 정도로 화제를 모은 바가 있다.

바다 위의 공동체라고 불리는 '시스테딩 Seasteading'도 또 다른 사례이다. 시스테딩은 2008년 패트리 프리드먼 Patri Friedman과 피터 틸Peter Thiel에 의해 설립된 '시스테딩 연구소'에서 추진한 자치적 해상도시 건설 프로젝트다. 패트리 프리드먼은 구글 출신의 엔지니어이면서 자유주의 경제학의 대부로 여겨지는 밀턴 프리드먼Milton Friedman의 손자임이 밝혀져 화제가 되기도 했다.

그는 이런 시스테딩 실험이, 분산되고 탈중앙화된 정부를 실현할 기회가 될 수 있다고 보았다. 물론 시스테딩 프로젝트가 정치적 형태를 결정하는 데 초점을 맞춘 것은 아니었다. 그러나 시스테딩을 구상할 때 각 공동체가 자체적으로 정치 형태를 정해 각자의 사회경제제도를 실험하고, 혁신하지 않는 정부는 도태되도록 설계했다는 점은 신선하게 다가온다.

이러한 전면적 실험들의 경우, 국가 이상의 단위에서 수행하기가 현실적으로 어렵다는 것은 사실이다. 그러나 소규모 공동체에서 다양한 정치형태를 실험해 봄으로써 미래의 정치체제에 대한 상상력을 자극하고 또 여러 대안들을 검토해 볼 수 있다는 점에서, 상기한 실험들은 일정 부분 유용성을 지닐 것이다. 비트네이션이나 시스테딩 프로젝트 등의 실험들은 제도적 마찰로 인해 실패로 돌아가거나 원활하게 추진되지 못하고 있지만, 이러한 시도들이 검토될 필요는 여전히 존재한다.

민주주의의 대안에 대한 이론적 모색

실천적 차원보다 더 근본적으로 정치학 내에서는 위기를 맞은 (대의제) 민주주의에 대한 다양한 이론들이 논의되면서 새로운 제도의 설계를 위한 토양을 만들고 있다. 이론적으로 보면, 현대 민주주의에 대한 대안적 논의는 크게 보편적 시민참여와 숙의 기능을 더욱 강화하자는 것, 그리고 그 반대로 엘리트 중심주의를 구축하자는 것으로 구분해 볼 수 있다.

보편적 시민참여와 숙의熟議 기능을 강화하자는 견해들은 또다시 추첨제 민주주의 논의와 공론조사 등의 형태로 숙의 민주주의를 실현하자는 논의 등으로 구분된다.

추첨제 민주주의란 말 그대로 '추첨'을 제도권 정치의 충원 과정에 도입함으로써, 누구나 정치적 결정을 내리는 자리에 진출할 수 있도록 기회를 평등하게 제공하자는 것이다. 이런 논의는 민주주의의 본질이 권력의 위임이 아닌 권력의 분배에 있음에 주목한다. 즉 선거에 따른 대의제의 한계를 지적하고, 추첨제를 통해 궁극적으로 모든 시민이 정치에 참여하도록 함으로써 의사 결정에 새로운 시각과 다양성을 부여하자는 주장이다.

앞서 제시한 바와 같이 직접 민주주의가 사회 전반에 적용되는 것은 위험성이 있을 수 있지만, 필요시 블록체인 등의 기술을 활용하여 추첨제 민주주의에서 주장하는 형태의 정치 공동체들을 중소단위의 정치체에서 실현해 볼 수도 있을 것이다.

한편 공론조사 형태로 숙의 민주주의를 실현하자는 견해는 정치정보의 제공과 숙의의 과정이 민주적인 타협과 협의를 증진시키는바, 정치적 의사결정에 공론조사를 적극 도입할 것을 주장한다. 사실 여론조사를 통한 여론의 수렴이 보편화되어 있기는 하지만 그 한계에 대한 사회적 문제의식도 매우 높아지고 있다.

이런 상황에서 해외뿐 아니라 국내에서도 공론조사는 시범 도입되어 사회적 의사결정에 부분적으로 활용되고 있다. 시민참여형 공론조사를 적절한 풀pool의 구성을 통해 보완적으로 사용한다면, 이는 정책 혹은 제도적 변화 시 현장의 수요를 효과적으로 반영할 수 있기에, 실효적인 개혁추진 등 유용성도 지닌다고 할 수 있겠다.

반면, 참여와 숙의가 부정적 방향으로 흘러갈 수 있음을 지적하는 논의도 있다. 제이슨 브레넌Jason Brennan은 그의 저서《민주주의에 반대한다》에서 민주주의를 대체할 체제로 '에피스토크라시 epistocracy'를 제시하였다.

그는 보편선거의 거부와 참정권 제한 그리고 복수 투표제와 (다른 의미에서의) 선거권 추첨제 등을 통해 일정 자질을 갖춘 지식인에 한해 통치가 이루어져야 한다고 주장한다. 그에 따르면 대부분의 시민은 정치에 무관심한 호빗 Hobbit 혹은 극화된 훌리건hooligan이기 때문이다(Brennan, 2016). 얼핏 '비민주적'으로 보이기도 하는 이러한 도발적 주장은 민주주의 그 자체가 절대적 숭고성을 가지는 것은 아님을 전제로 한다는 점에서 시사하는 바가 크다.

결국 민주주의의 형태는 새로운 문명과 유기적으로 연계되는 방식으로 어떻게든 변화해야 한다. 새로운 정치체제에서의 책임성과 전문성을 제고한다는 차원에서 상기한 대안은 충분히 검토될 가치가 있다.

정치의 위기와 정치학의 역할:
문명 전환의 시대, 무엇을 할 것인가

그렇다면 문명 전환이 이루어지고 있는, 그리고 정치가 위기에 봉착했다고 하는 21세기에 정치학, 나아가 사회과학은 무엇을 해야 할 것인가?

지금과 마찬가지로 거대한 사회적 변혁이 태동하던 시기에, 정치경제학자 칼 폴라니 Karl Polanyi(1886~1964)와 같은 학자들은 사회가 마주하고 있는 딜레마와 이로 인해 발생하는 사회문제들을 진단하고, 그에 대한 대안을 제시해왔다. 이런 학자들이 제시한 토대 위에 세워진 제도적 유산은 시대와 또 다른 시대, 문명과 또 다른 문명을 잇는 고리가 되었다. 그리고 이와 같은 고리는 새로운 사회가 안정적인 토대 위에서 역동적으로 변화할 수 있는 기회를 제공했다.

기술로 인해 추동된 변화가 문명의 대전환을 이루어 내고 있는 21세기를 마주한 지금, 우리 정치학자들 그리고 사회과학자들에게는 지금의 변화가 무엇인지, 그리고 문제적 징후들에 어떻게 대응해야 하는지에 대해 전문성 있는 정보와 분석, 그리고 혜안을 제공해야 할 사회적 책임이 있다고 할 수 있겠다.

살펴본 바와 같이 21세기의 문명은 그 변화의 거대성이 시스템에 미치는 충격이 이전과 비교할 수 없이 크고, 사회 전체가 연결되고 연결성을 기반으로 한 지능화 작업이 상당 부분 진전된 초연결-초지능화 사회의 도래를 목도하고 있으며, 이를 기반으로 한 민주주의의 변화와 도전, 과제들이 증폭되고 있다는 특징을 가진다. 특히 포퓰리즘, 정치양극화, 탈진실 현상, 제도적 정합성의 결핍 등은 20세기까지 공고히 형성되어 온 대의제 민주주의를 와해시키고 있으며, 나아가 민주주의 자체에 대한 위협이 되고 있다.

이와 같은 '거대한 전환The Great Transformation'의 시기에 정치학은 방법론적 혁신과 미래사회를 위한 정치제도 모색, 시민 역량 강화를 통해 미래를 만들어가는 학문으로서 도약해야 할 것이다.

가장 시급한 과제는 미래사회를 위한 정치제도가 무엇인지를 모색하는 일이다. 앞서 지적한 것처럼 구조적 차원에서 우리 사회가 마주한 가장 큰 문제는 기존의 제도와 지금의 현상이 정합적이지 않다는 것이다.

디지털 전환이 진전된 21세기 문명이 요구하는 사회적 규칙과 가치들은 20세기에 마련된 시스템에 담아내기 어렵다. 따라서 미래사회에 필요한 정치제도의 형태와 내용에 대한 고민이 수반되어야 한다. 제도와 거버넌스의 문제는 정치학에서 다루어 온 중요한 주제로, 정치학을 중심으로 다양한 학제와의 협력을 통해 정치제도의 프레임워크framework를 고민하는 것이 필요하다.

사회의 변화에 따라 국가가 행사하는 제도적 수단, 즉 규제의 영역과 범위는 매우 늘어나는 데 반해, 국가의 역량이 모든 것을 소화하기는 어려운 상황이 되었다.

특정한 영역에서는 강력한 국가가 요구되거나 실제로 효과를 나타내기도 하지만, 모든 영역에서 중앙집권적이고 하향적인 방식의 통치가 이루어지는 것은 국가실패의 가능성을 내포하고 있기도 하고 실현 자체도 어렵다. 반면 모든 것을 시장에 일임한다면 사회적 정의나 공동체의 가치를 반영하는 방향으로 거버넌스가 이루어지리라 기대하기 어렵다.

엘리너 오스트롬Elinor Ostrom의 '다多중심적 거버넌스polycentric governance' 개념에서 도출할 수 있는 바와 같이 분야와 규모에서 다양성을 가지는 제도적 매개체들을 마련할 필요성이 있다. 미시적 거버넌스 플랫폼의 개발과 발전을 논의하는 한편, 이렇게 개발된 미시적 플랫폼들이 메타 거버넌스meta governance에 부합하는 형태로서 지속적으로 존재하게 하는 조율 역시 중요하다.

메타 거버넌스로서의 국가체제가, 복합연계망 속에서 적절한 타협을 도출하는 '조타수steering' 역할을 효율적으로 수행할 수 있도록, 전통적 기능과 권한의 조정 및 분배를 어떻게 할 것인지에 대한 논의에 정치학이 기여해야 할 것이다.

두 번째로 정치학은 다 학제 융합연구 및 인과추론을 통한 방법론적 혁신을 지속해야 할 것이다. 디지털 시대가 사회과학 연구의 측면에서 새로운 기회들을 창출하고 있다는 점은 매우 고무적이다.

이전에는 가능하지 않았던 방식으로 행위자들의 행태를 관찰할 수 있도록 하는 다양한 정형/비정형 데이터들이 존재한다. 또 그러한 데이터들을 분석할 수 있는 기법들이 개발됨으로 인해 컴퓨팅 능력도 비약적으로 발전하였다(Salganik, 2019).

실제 사회과학자들은 생성형 AI가 사회과학 연구에 미칠 영향을 기회와 위기 차원 모두에서 인식하고 있다. 생성형 AI는 거대 언어모델 등을 통한 연구 기초작업, 분석 효율성 증대, 학습에의 이용, 연구 질문과 가설 개발 측면에서 사회과학 연구에 기여할 수 있다. 반면, 편향된 정보와 데이터에 대한 우려, AI 이용 시의 연구윤리 문제, 오류 수정과 연구의 재현 가능성 문제는 극복해야 할 점들이기도 하다.

정치학은 이런 기술들의 위험은 경계하되 유용성을 극대화시켜 기술을 활용한 미래 이슈의 발굴과 의제화를 추진해야 할 것이다. 과거의 이슈에 대한 해석과 설명을 넘어서 미래사회를 위한 진단과 문제해결에 기여하는 통찰력을 제공해야 한다는 것이다.

한편 기술의 발전, 특히 인공지능의 고도화는 사회과학과 정치학 연구에서 방법론 차원의 또 다른 과제를 부여한다. 바로 인과성의 문제이다. 인공지능은 기본적으로 데이터의 상관성과 패턴에 기반한 기술이다 보니 그것 자체가 인과적 추론을 도출해 내지는 못한다. 따라서 기술을 활용하되, 사회과학적 사고를 기반으로 한 인과추론 방법론을 접목함으로써 인과적 통찰과 사회 문제에 대한 해답을 제시하는 정치학 연구가 필요하다.

이렇게 정치학은 다학제-융합적 연구 및 인과적인 답을 제시할 수 있는 연구를 통해 사회문제에 대한 진단과 해법이 실제 정치과정에 반영될 수 있도록 하는, 이른바 플랫폼으로서의 학문 공동체가 될 수 있을 것이다.

마지막으로 결국 정치학자, 나아가 사회과학자들에게 요구되는 가장 중요한 역할은 대안의 모색임을 강조하고자 한다. 어느 시점부턴가 아카데미즘이 사회와는 동떨어진 방향으로 나아가는 듯한 인상을 받고 있다. 대학과 학자가, 단편적이고 정량적인 기준으로만 평가되는 사회 속에서, 서로 생존경쟁을 하며 논문을 제조하는 공장이 되어 가고 있는 것은 아닐까? 지성이 실종되어 갈 때 그 피해는 고스란히 사회에 전가된다. 이런 사회적 풍토는 변화해야 하며 그러기 위해 사회과학자들 스스로가 사회문제에 주목하는 사회과학을 추구해야 할 것이다.

우리가 모색해야 할 대안적 체제는 디지털 시대를 준비하는 새로운 거버넌스의 형태이다. 문명 전환과 디지털 자본주의 및 민주주의의 시스템 변화를 반영할 제도 말이다. 공공의 선과 사회적인 가치, 윤리 등의 고유한 속성들을 유지하면서 형태와 조직을 다양하고 유연하게 조직화할 필요가 있다.

제도와 프레임워크, 플랫폼 등 구조 자체를 개편하기 위한 노력과 함께 반드시 이루어져야 하는 것은 시민을 양성하는 것이다. 문명의 전환이 심화될수록 민주주의의 지속적 발전을 위한 시민의 역량이 뒷받침되어야 한다. 앞서 다뤘던 포퓰리즘, 탈세계화, 정치적 양극화 등 문제적 현상들에 기반해 시민들의 조직화가 이루어지는 상황은, 민주주의 나아가 우리 사회 공동체 전반의 발전을 저해할 것으로 우려된다.

따라서 공공의 가치에 기반한 아이디어가 확산되고 공공성이 회복될 수 있도록 하는 시민 교육이 이루어질 필요가 있다. 우선 문명사회의 구조적 변동들에 대한 바른 이해를 함양하고 이를 토대로 성숙한 토론과 합리적 선택을 할 수 있는, 이른바 '스마트 시티즌smart citizen'을 양성해야 하겠다. 정치학 공동체는 다양한 매체와 네트워크를 이용한 교육 프로그램과 콘텐츠를 개발·제공함으로써 시민교육에 기여할 수 있는 역량을 갖추고 있다. 시민뿐 아니라 제도권 정치 내에 이미 충원된 인력들이 시민들이 기대하는 역할을 수행할 수 있도록, 필요한 소양과 정보를 제공하는 역할도 할 수 있을 것이다. 동시에 정치학 전문가의 지속적인 양성을 통해 학계가 사회에 지속적으로 기여할 수 있는 체계를 마련해야 한다.

참고문헌

Brennan, J.(2016), *Against democracy*, Princeton University Press.

Fukuyama, F.(2014), "America in decay: The sources of political dysfunction". *Foreign Affairs*, 93.

Hatzius, J., Briggs, J., Kodnani, D., & Pierdomenico, G.(March, 2023), "The Potentially Large Effects of Artificial Intelligence on Economic Growth", *Global Economics Analyst*, Goldman Sachs.

Herrera, G. L.(2016), "Cyberspace and sovereignty: thoughts on physical space and digital space", *In Power and security in the information age*, Routledge.

Iyengar, S., Lelkes, Y., Levendusky, M., Malhotra, N., Westwood, S. J.(2019), "The origins and consequences of affective polarization in the United States", *Annual review of political science*, 22.

Müller, J. W.(2022), "Liberal Democracy's Critical Infrastructure. How to think about Intermediary Powers", *SCRIPTS Working Paper*, No. 16.

O'neil, C.(2017), *Weapons of math destruction: How big data increases inequality and threatens democracy*, Crown.

Runciman, D.(2018), *How democracy ends*, Profile Books.

Salganik, M. J.(2019), *Bit by bit: Social research in the digital age*, Princeton University Press.

3장

기억과 상상

초가속 시대의 역사학의 새로운 가능성

주경철
(서울대학교 역사학부 교수)

들어가며

오늘날 우리는 거대한 변화의 흐름을 목도하고 있다. 크게는 글로벌한 국제 정세로부터 작게는 일상의 삶의 영역에서 마주하는 유행의 변화나 새로운 통신 장치의 등장에 이르기까지 모든 면에서 변화가 진행되고 있다. 변화의 속도 또한 현기증이 날 정도로 빠르다. "사물은 무너져 내리고 중심은 지탱하지 못하는 Things fall apart: the centre cannot hold"(예이츠W. B. Yeats) 시대가 도래한 걸까?

이 도도한 변화의 원인이 무엇인지 하나를 꼽을 수는 없지만, 아마도 과학기술 각 분야의 혁신이 유력한 동력원임은 부인하기 힘들다. 인공지능 · 로봇공학 · 사물 인터넷 · 자율주행차 · 3차원 인쇄술3D printing · 나노 기술 · 생명공학 · 재료 공학 · 에너지 저장 기술 · 양자 컴퓨팅 등 새로운 기술이 탄생하고 계속 비약적으로 혁신, 발전하고 있다. 이런 변화에 대해 논의할 때 흔히 클라우스 슈밥이 말하는 '4차 산업혁명'을 거론하곤 한다.

'4차 산업혁명'의 주요 특징 중 하나는 다양한 분야 간 경계를 허무는 융합이다. 이로부터 유래한 변화와 발전을 '새로운 혁명'으로 보는 이유는 "혁명의 속도가 기하급수적이며, 전 산업과 모든 나라를 포괄하는 범위를 가지고, 생산 · 관리 · 통제 전반에 걸친 시스템적 변화란 파급효과를 주기 때문이다"(슈밥, 2016; 김승환, 2017). '기하급수적 변화의 시대 exponential age'에 엄청난 과학기술 발전의 힘은 글로벌한 차원에서 정치·경제·군사·사회·문화 등 모든 부문에 심대한 변화를 일으킨다. 그렇다면 현재 우리가 목도하는 변화를 가히 '문명대변혁'이라 부를 수 있을 것인가?

인류 역사의 진행을 보면 몇 번의 거대한 도약을 헤아릴 수 있다. 예컨대 신석기시대 농경의 시작은 자연 상태에서 이주와 방랑을 하는 대신, 마을을 이루고 정주하여 살아가는 새로운 삶의 양태를 가능케 한 점에서 지극히 중요한 변화의 시발점이었다. 광대한 지역에 인구가 집중한 이후 종교·제국·문자·행정·금속 등을 특징으로 하는 문명 단계로의 이행을 불러온 도시혁명 또한 마찬가지로 심대한 변혁 과정이다. 마지막으로 산업혁명은 농업과 목축 위주의 사회·경제로부터 산업화된 현대 사회를 가능케 한 거대한 움직임이었다.

그렇다면 현재 일어나는 이른바 '4차 산업혁명' 또한 인류 문명 전체를 한 차원 높게 격상시키는 사건에 해당할까? 그 누구도 현재 진행 중인 변화의 귀착점을 정확히 예측할 수 없으니, 과연 이것이 인류 문명 진행의 큰 흐름을 바꾸어 놓는 수준과 규모인지 아닌지 단언할 수는 없다. 그럼에도 우리는 최선을 다해 이 변화의 성격을 명확하게 이해하고 그것이 초래하는 거대한 영향에 대비할 필요가 있다.

이 변화의 시대를 학문적으로 어떻게 해명할 수 있을까? 특히 역사학은 이런 상황에서 어떤 어젠다를 제시하고 어떤 성찰의 결과를 내놓을 수 있을까? 인간과 사회를 이해하고 방향 설정을 돕기 위해 역사학 자체는 어떤 변화를 필요로 하는가? 이런 문제의식에서 아래에서는 기존의 역사학의 경험들을 되돌아보고 앞으로 어떤 변화를 모색해야 하는지 살펴보고자 한다.

초가속과 위기

거대한 변화의 성격을 제대로 이해하기 위한 작업의 첫걸음은 이 현상을 규정하는 용어에 대해 생각해 보는 일이다. 우리는 이미 슈밥이 말하는 4차 산업 '혁명 revolution'을 인용한 바 있지만, 아마도 '변혁', '진화', '변화' 등 여러 단어들을 함께 생각해 볼 수 있을 것이다. 그렇지만 필자가 염두에 두는 용어는 '가속화 acceleration' 혹은 '초-가속 hyper-acceleration'이다.

현재 우리가 목도하는 변화는 지난 시대와 완전히 단절된, 전적으로 새로운 현상들이 갑자기 등장한 것은 아니다. 그보다는 이전에 이미 개발되었으나 사회가 채택하지 않았든지 혹은 불완전한 상태에 머물렀던 요소들이 급작스럽게 발전하는 것으로 보인다.

현재 선보이는 최신 기술들 중에 정말로 처음 접하는 것은 많지 않다. 적어도 원리상으로는 이미 오래전에 알려졌거나, 혹은 상당한 수준으로 발전했다 하더라도 사회에서 널리 수용되지 않았다가 어떤 계기로 급격히 채택된 후 더욱 빠른 속도로 발전하는 것들이 눈에 띈다. 그런 의미에서 현재 흐름은 단절적 변화보다는 차라리 '급격한 가속화'라고 보는 것이 더 타당할 수 있다.

하나의 작은 사례를 보자. 코로나 팬데믹 상황에서 학생들이 학교에 모이는 게 불가능해지자 줌zoom을 비롯한 각종 온라인 플랫폼을 이용하여 비대면 수업을 했다. 사실 온라인 수업 방식은 이미 오래전에 개발되어 있었지만, 부분적으로만 사용되고 있었다. 이러한 수업 방식에 대해 비판적 반대도 많았기 때문이다. 교사와 교수들이 낯선 새로운 기술에 대해 심정적 저항을 했던 측면도 있다.

그런데 팬데믹 상황이 되니 온라인 수업을 하지 않을 수 없게 되었고, 결국 대부분의 학교에서 채택하게 되었다. 여러 단점에도 불구하고 비대면 수업이 제공하는 편의성을 부인할 수 없고, 잘 활용하면 그 나름의 교육 효과를 제고할 수 있다.

이제 팬데믹 상황이 많이 완화된 후에도 한번 채택한 비대면 수업 방식은 사라지지 않고 정착하여 널리 사용되고 있다. 이처럼 사전에 이미 준비되었으나 이러저러한 장애 때문에 주저하던 여러 요소들이 충격적 상황에서 아주 빠르게 현실화되곤 한다(김대식 외, 2020).

새로운 변화를 초래하는 요인으로 '위기' 상황을 생각해 볼 수 있다. 만일 기존 질서 혹은 기존 체제가 큰 문제없이 잘 작동하면 그것과 어울리지 않는 새로운 요소들이 비집고 들어갈 여지가 크지 않다. 따라서 어떤 의미에서는 기존 질서가 고장 나는 위기

상황이 발생해야 혁신이 자리 잡을 수 있다고 해석할 수 있다.

'위기'는 어떤 의미일까? 우리말 사전에서는 위기危機를 '위험한 고비나 시기'라고 풀이하고 있다. 우리가 쓰는 이 말이 서구 각국어의 crisis · crise · Krise 같은 단어와 같은 의미일까? 우리말의 '위기'와 서구어의 'crisis' 사이에는 미묘하지만 사실은 아주 중요한 차이가 있어 보인다.

crisis의 어원은 고대 그리스어 Κρίσις인데 그 뜻은 '차별' 혹은 '결정'으로서, 법 · 의학 · 신학에서 두루 쓰였다. 이 개념은 완연히 구분되는 양자 간의 선택 — 선과 악, 구원과 파멸, 생과 사 등 — 을 강요하는 것이었다.

근대 초까지 이 말은 주로 의학 용어로 쓰이다가 17세기 이후 메타포로서 정치, 경제, 역사, 심리학 등에 확대되어 쓰이기 시작했고, 종래 일상적 용어가 되었다.

역사학에서는 18세기 후반에 '한 시대의 끝'을 가리키는 표현이 되었다. 그렇지만 시대의 끝이라는 의미도 다층적이고 모호하다. 때로는 어느 정도 지속적 상태를 나타낼 수도 있고, 때로는 (경제학에서 그런 것처럼) 반복적 사건을 나타낼 수도 있고, 때로는 어느 정도 짧은 전환기를 나타낼 수도 있다. 그 전환이란 완전히 다른 상태로 나가는 것이지만, 이 또한 더 나은 상태를 향한 것일 수도 있고, 더 나쁜 상태를 향한 것일 수도 있다.

'위기'가 우리말에서 '최악의 상태'라는 뉘앙스가 강한 것과 달리 서구어에서는 '전환'의 뉘앙스를 띤다(Brunner et al., 1972~1997). 해나 아렌트Hannah Arendt가 말한 것처럼 '낡은 질서는 이미 무너졌는데 새로운 질서는 아직 성립하지 못한 과도기에 나타나는 현상'을 위기라고 해석할 수도 있다.

지금의 사회는 기존 질서의 많은 부분이 잘 작동하지 않는 상황에서 이전에 품고 있던 변화의 씨앗이 급속도로 개화하고 있다는 의미에서 위기 상황이라고 볼 만하다.

이상의 설명을 잘 이해하기 위한 하나의 사례로 프랑스혁명에 대한 토크빌의 정리가 도움이 될 것이다(토크빌, 2006). 흔히 프랑스혁명을 두고 구체제를 파괴하고 전에 없던 완전히 새로운 구조, 새로운 정치 · 경제 · 사회 · 문화 체제를 창안해 낸 사건으로 보는 경향이 있다. 이런 식이라면 프랑스혁명은 이전 시대와의 완전한 단절 현상이다.

그렇지만 사실 그것은 표면적으로 보이는 양태에 불과하다. 앙시앵레짐 시기에도 전제적 왕권은 전 국민을 행정적으로 통제하고 사람들을 동원하는 체제를 발전시키고 있었다. 그런데 혁명이 일어나자 혁명정부가 바로 그 방식을 급격히 밀어붙였다.

토크빌은 프랑스혁명의 본질 중 하나가 행정 혁명이었다고 본다. 국민들이 봉기하여 왕정을 타파하고 귀족제를 깨부수고 교회를 타도하려 한 것은 분명하지만 그렇게 해서 만들어 낸 결과물은 과연 무엇인가?

왕정에서 공화정으로 변화해 갔지만, 중앙 정부가 전 국민을 통제하고 지배와 동원을 강요하는 것은 이미 이전부터 있었던 움직임이다. 혁명은 엄청난 단절로 보이지만, 사실 그것은 앙시앵레짐 내내 진행되었던 권력의 중앙집권화 경향이 짧은 기간 동안 폭력적으로 일어난 것이라고 볼 수 있다.

이처럼 '단절'과 '변혁'을 강조하기보다 과거로부터의 '연결'과 '초가속'이라는 개념을 통해서 보면, 사태를 장기적 전망에서 이해할 수 있다는 장점이 있다. 급격한 변화라고 해도 그것은 단지 해당 시대만의 일이 아니라 오랜 기간 동안 준비해 온 과정이 전제된다. 인류 역사의 발전 과정이 그런 방식의 연속이라고 볼 수도 있지 않을까?

앞서 이야기한 대로 인류 역사에서 거대한 도약을 가져온 거대한 혁명들로 농업혁명, 도시혁명, 산업혁명을 거론한다. 이후 고고학자들은 여기에 '인간혁명'을 추가했다(페르난데스 아르메스토, 2020). 이는 약 5만 년 전 호모 사피엔스가 향후 문명 발전에 필요한 인지 기능, 창작 기능, 사교 기능을 조합한 것을 가리킨다. 말하자면 진정 인간다운 존재로 성장하는 데 필수적 능력을 갖게 된 것을 의미한다.

이 단계에서 일어난 매우 중요한 일은 인류가 지구 전체로 확산했다는 것이다. 지구상의 생물종 중 그야말로 전 지구적으로 확산하여 거주하는 종은 호모 사피엔스 외에 찾기 힘들다. 이 또한 인류의 가장 뚜렷한 특질 중 하나이다(주경철, 2022). 어떻게 이 과정이 가능했을까?

인류가 처음 아프리카 외부에 출현했을 때 정기적인 거주 영역은 세계 전체 육지의 4분의 1에 불과했다. 이후 5만 년 동안 인류는 지구 각지로 이동하여 나머지 4분의 3을 거주지로 삼았다(페르난데스 아르메스토, 2020). 특히 마지막 빙하시대 말기에 인류는 광대한 지역으로 확산했다. 이 시기에 사훌(현재의 동남아시아 일부와 오스트레일리아가 합쳐진 고古 지역), 러시아 북부, 더 나아가서 베링 육교Beringia를 통해 아메리카 대륙으로 확산하는 과정을 밟았다.

이 확산 과정을 조금 더 면밀하게 들여다볼 필요가 있다. 이 과정은 단순히 인류가 걸어서 이동해 간 스토리가 아니라, 완전히 낯선 환경으로 뚫고 들어가서 새로운 주거 환경을 건설하는 지난한 과정이었다. 특히 아메리카는 초기 인류가 떠나온 원래 고향과는 완전히 다른 생태 자연환경이다. 이런 곳에서 어떻게 생존할 수 있었을까?

무엇보다 어떻게 먹을거리를 확보했을까가 중요한 문제이다(페르난데스 아르메스토, 2020). 낯선 환경에 들어와서 이전과 다른 동물과 식물을 마주쳤을 때 이것이 과연 먹을 수 있는 종류인가 아닌가를 판별하는 것은 쉬운 일이 아니다. 특히 식물성 먹거리를 확보하는 것이 매우 중요하다. 자칫 독성 식물을 잘못 먹어 희생될 위험이 크기 때문이다.

사실 생경한 동물을 만날 때보다 생경한 식물을 조우했을 때 파악하는 데 더 큰 어려움을 겪는다. 동물의 경우 예컨대 '사슴' 같은 범주들은 비교적 명확하게 알 수 있다. 그렇지만 식물은 다르다. 우림이나 툰드라 환경의 식물 범주들을 확인하려면 정교한 훈련이나 교육이 필요하다. 처음 보는 낯선 식물의 넓은 잎, 예쁜 과일과 꽃을 무작정 먹어보는 것은 위험이 너무 크다. 아무 식물이나 먹다가 희생되는 리스크를 줄이려면 이미 오랜 기간 식량으로 이용해서 안전 문제가 확실하게 보장된 식물들과 가급적 유사한 종류들을 먹어보는 것이 좋다. 이는 곧 기존 생태계의 지식을 응용하는 방식을 뜻한다.

아메리카에 들어온 사람들은 그들이 떠나온 지역에서 가지고 있던 식물 지식에 의존해 새로운 생태계의 식용 식물들을 찾아내는 작업을 한 것으로 보인다. 다시 말해 그들이 보유한 총칭 범주를 바탕으로 상상력과 모험심을 발휘하여 여러 종의 식물에 도전해 봄으로써 '감당할 수 있는 위험' 수준 내에서 먹거리를 찾았던 것이다.

실제로 인류가 세계 각지에서 확보한 식량 자원은 대개 중요한 두 범주, 곧 '콩과 식물'과 '외떡잎식물'에 속한다. 예컨대 온

대 위도 지역에서 인간이 얻는 에너지의 절반 이상은 밀, 벼, 옥수수 같은 외떡잎식물이다.

이 사례에서 알 수 있듯이 기존 지식 체계를 원용하여 새로운 세계에서 살아가는 방식을 구축하는 방식은 인류 역사의 초기부터 시작되었다. 즉 '기억'을 이용한 '상상'이 인간사회의 기본 작동 원리이다.

산업혁명에 대한 성찰

이른바 '4차' 산업혁명에 대한 이해를 넓히기 위해서는 '1차' 산업혁명을 살펴보는 것이 도움이 될 것이다. 인류사가 크게 도약한 계기 중 하나는 분명 산업혁명이다. 이때 시작된 변화의 흐름이 지금까지 이어오고 또 가속화한 것이다. 그 가운데 가장 핵심 사안인 증기기관의 개발 과정을 주의 깊게 살펴보도록 하자(Allen, 2009).

산업혁명의 진행 과정에는 여러 국면이 있지만 가장 중심이 되는 사항은 증기기관의 발명과 응용이다. 이 문제를 이해하기 위해 '거시 발명 macro-invention'과 '미시 발명 micro-invention'이라는 개념을 차용하도록 하겠다.

거시 발명은 생산성 급증의 원천이 되는 중요한 발명으로서, 달리 말하면 생산요소 구성을 변경하는 발명이다. 다름 아니라 인간의 노동을 기계 에너지로 대체하는 증기기관의 발명이 바로 그 사례다. 한편 미시 발명은 거시 발명의 결과를 더욱 개선하고 다양한 부문에 응용하는 과정에서 일어나는 각종 발명을 가리킨다. 초기 증기기관의 완성까지가 거시 발명이라면, 이를 더 혁신하고 원용하여 직물업, 제철업, 철도산업 등을 발전시킨 것이 미시 발명에 속한다.

증기기관을 만들어 낸 기본 요소는 무엇일까? 증기기관은 과학적 원리를 체계적으로 이용해서 만든 결과물이며, 따라서 근대과학 발전을 전제한다. 자연현상을 엄밀히 관찰하고 수학적으로 정량화하는 근대과학을 배태한 이성적 문화 풍토가 없었다면 애초에 산업혁명이 시작되지 못했을 것이다.

갈릴레이가 발명하고 토리첼리가 개선시킨 흡입 펌프, 실린더에서 공기를 빼면 아주 무거운 하중을 지탱하는 힘을 발휘한다는 사실을 확인한 오토 폰 게리케의 실험, 실린더를 채운 수증기를 응축시켜 진공상태를 만들어서 힘을 얻는 하위헌스와 드니 파팽이 구현한 초기 증기기관, 그리고 이를 더 진척시켜 현장에서 실제 사용 가능한 기계를 만든 토머스 세이버리의 개선 작업 등을 생각할 수 있다.

세이버리는 1698년 자신의 발명에 대해 특허를 출원했고, 이 기계는 광산에서 배수 작업에 사용되었다. 산업 현장에 사용된 최초의 증기기관이 탄생한 것이다. 그렇지만 이 기계는 너무 크고 비효율적이어서 널리 사용되지는 않았다. 여기에서 한 걸음 더 나아간 것이 뉴커먼의 개선이다. 뉴커먼의 증기기관 역시 여러 단점이 있으나 점차 개선되면서 광산의 배수 작업에 수십 년 사용되었다.

대체로 이 과정까지를 증기기관의 거시발명이라고 할 수 있을 것이다. 이상에서 설명한 바와 같이 거시 발명은 어느 한 시점에서 한 인물이 이루어 낸 것이 아니라 장기간에 걸쳐 누적된 성과들을 응용하고 개선한 결과다.

뉴커먼은 증기기관을 개선하는 데 10년 이상 노력을 기울였다. 왜 그랬을까? 쉽게 말해 돈을 벌기 위해서이다. 과학 원리 그 자체보다도 사업화하려 했다는 점이 중요하다. 바꿔 이야기하면 당시 영국 경제가 뉴커먼의 발명을 이용하고 돈을 지불할 의도가 있었다는 의미다.

증기기관과 관련한 기본 연구들은 독일과 이탈리아에서 진행되었고 원리는 유럽 전역에 이미 알려졌다. 하지만 이런 배경 원리들이 거시 발명으로 이어지려면 그 과학 원리들을 구체화하는 직접적인 동기, 다시 말해 성공하면 큰 보상을 받는 요인이 필요하다. 그런 점에서 증기기관은 전 유럽의 지원을 받아 영국이 최종 산출한 발명품이다. 영국의 어떤 점이 그런 요인으로 작용했을까?

핵심 요소는 영국 경제의 고임금과 값싼 석탄이다. 기계혁명은 값비싼 인력을 기계로 대체하려는 노력의 결과다. 당시 영국에서는 임금이 너무 올라서 인력을 대량 투입하는 것이 비경제적이었다. 고임금의 인력을 더 싼 경제 요소로 바꾸는 것이 긴요한 문제인데, 해답을 석탄에서 찾은 것이다. 영국에서는 싼 가격으로 양질의 석탄을 대량으로 얻는 것이 가능했다. 값싼 석탄을 사용해 기계화를 하여 비싼 노동력을 대체한 것, 이것이 세계를 근본적으로 바꾼 거시 발명이다. 그렇지만 당시 상황을 보면 이 기계의 가능성은 제한적이었다.

초기 증기기관은 석탄과 연결된 점이 돌파구이자 한계였다. 대단히 큰 덩치에 엄청난 양의 석탄을 잡아먹는 이 기구로는 그야말로 탄광에서 물 빼는 일 외에는 아무 일도 할 수 없었다. 인간과 동물의 근육을 대체한 놀라운 과학기술 발전이지만 특정 부문에서만 사용가능할 뿐 그 외에는 쓸모없는 발명이라는 역설에 직면한 것이다.

이 시점에서 이 발명품이 앞으로 어떻게 쓰일지 누구도 정확히 예측하지 못했을 것이다. 탄광에서 물을 빼는 이 2층 건물 높이의 거대한 기계가 훨씬 효율성이 높아지고 소형화되어 공장에서 직조기를 돌리고, 자동차와 기차, 선박을 움직이는 동력으로 쓰이게 되리라고 누가 생각했겠는가? 이런 성과들은 수많은 엔지니어들이 장기간에 걸쳐 하나씩 개선해 낸 결과이다. 이것이 미시 발명의 단계다.

사실 세계 경제를 구체적으로 변화시킨 것은 바로 이 단계이다. 그것이 무려 한 세기 반이나 걸렸다는 사실도 중요하다. 원리의 발명으로 모든 것이 완수되는 게 아니다. 구체적 문제들을 해결하며 점차 세상을 바꾸어 가는 과정이 필요하다.

이 과정을 주도한 인물이 스코틀랜드 출신 기계 제작자 제임스 와트다. 뉴커먼의 기관은 너무 크고 효율성이 떨어지고 단순

왕복운동만 가능하다. 이것이 널리 사용되려면 우선 효율성이 대폭 개선되어야 하고, 왕복운동을 원운동으로 바꾸어야 한다. 실제 산업 현장에서 많이 사용되는 운동 중에는 원운동이 많다 (차량의 바퀴나 방적기를 생각해 보라). 이 어려운 과제를 수행해 낸 것이 와트의 공헌이다.

그는 뉴커먼의 증기기관이 엄청난 양의 증기를 낭비한다는 사실을 깨달았고, 오랜 노력 끝에 배출된 증기를 별도로 연결된 공기실로 보내는 콘덴서를 고안하여 이 문제를 해결했다. 이후에도 이 기관을 계속 개선하여 여러 용도의 증기기관을 만드는 사업을 했다. 엔지니어 와트와 사업가 매슈 볼턴의 협업으로 인해 모든 제조업에 응용할 수백 가지 증기기관이 나왔고, 와트가 사망한 19세기 초반에는 그 수가 천 개를 넘었다.

여기에서 다시 확인하는 바는 '혁명'이라는 말은 급격한 단절을 가리키지만, 실제 그 내용을 보면 결국 장기적 과정이며 차라리 진화에 가깝다는 것이다. 거시 발명은 수백 년 동안 누적된 과학적 탐구 결과가 최종적으로 결실을 맺은 것이고, 그것을 응용하여 구체적 성과들을 창안해 내는 미시 발명 역시 백 년 이상 장기간에 걸쳐 사회에 필요한 부문을 하나씩 해결하는 일이었다.

여기에서 생각해 볼 사항이 과학기술과 사회와의 관계이다. 분명 일차적으로는 과학기술이 핵심적 요소로 보이지만 그것을 형성하고 불러내고 사용하는 것은 사회 · 경제 · 문화다. 증기기관이 대표적인 사례. 그것을 방적과 직조에 사용하고 기차에 활용하며 대륙을 연결하는 선박에 사용하는 등의 일은 애초에 예상 밖의 일이었다.

현재 우리 눈앞에 펼쳐진 상황도 마찬가지일 것이다. 지금 벌어지는 과학기술의 변화가 50~100년 뒤에 어떤 결과를 가져올지 예측하는 것은 거의 불가능에 가까운 일이다. 달리 이야기하면 무한에 가까운 가능성이 열려 있는 영역이다. 그 가능성을 어떤 방향으로 구현하는가, 인간의 삶에 어떤 영향을 미칠 것인가는 과학기술 바깥 영역의 일이다.

격변의 시대의 역사학

위기와 변화, 그리고 가속의 시대에 인문학, 그중 특히 역사학은 어떤 역할을 할까? 과학기술이 세상을 압도하는 엄청난 힘을 생성해 내는 시기에, 의미 있는 기여를 하고자 한다면 역사학 자체는 어떤 변화가 필요할까?

앞서 거론한 대로 인류사의 발전과 도약 과정을 들여다보면 이전 시대의 지식체계를 통해 새로운 환경을 이해하고 개선하는 일이 빈번하다. 다시 강조하지만 그것은 '기억'을 이용한 '상상'의 과정이다. 그런데 사실 역사학의 핵심 프로세스가 다름 아닌 기억과 상상의 변증법이다. 지난 시대에 대한 지식은 단순한 기억이 아니다. 사실 개인이든 사회든 지난 과거를 기계적으로 기억하지는 않는다. 자료가 모자라는 빈 부분에 상상을 더해 내러티브를 만들어 기억하기 때문이다.

그러므로 역사적 기억은 곧 '상상된 기억'이라 할 수 있다. 기억의 요소와 상상의 요소를 합해서 우리 삶의 내러티브를 만들어서 이해하고 방향을 찾는다는 점에서 'history'는 기본적으로 'story'이다.

역으로 미래에 대한 상상은 완전한 무無에서 창조해 내는 것이 아니라 과거에 대한 기억이라는 소재를 가공하여 창안해 내는 것이다. 그러므로 상상이란 곧 기억의 적절한 합성 작용이라 할 만하다. 이것을 다른 말로 표현하면 현재와 미래에 대한 문제의식에서 과거에 대한 역사 인식이 형성되고, 과거 역사의 인식이 현재 우리의 정체성과 미래 삶의 방향성을 만들어낸다. 그것을 수행하는 학문이 역사학이다.

그런 과업을 통해 역사학은 어떤 공헌을 하는 걸까? 원론적으로 이야기한다면 현재와 미래에 대한 방향 찾기라 할 수 있을 것이다. 과거에 대한 기억은 우리의 미래에 대해 핵심적으로 중요한 요소이다. "지난 3천 년의 역사를 활용하지 못하는 사람은 하루살이와 같은 인생을 살 뿐"이라는 괴테의 말이 그것을 이야기해 준다.

급격한 변화의 시대에 역사학은 방향을 찾기 위한 지난한 노력을 기울여 왔다. 마르크 블로크는 역사학에 대해 "인간의 살 냄새가 나는 곳이면 어디든지 달려가는 식인귀"라고 표현했고, 페르낭 브로델은 인간과 사회를 이해하기 위해 모든 이웃 학문 분야를 기웃거린다는 의미에서 "제국주의적 학문"이라고 표현했다.

사실 위기와 변화의 시대에 역사학은 이웃 분야들과 부단히 협력하며 새로운 방향을 찾기 위해 노력을 경주하곤 했다. 그런 사례들을 살펴보자.

현대에 인류가 겪은 가장 큰 위기는 당연히 두 차례의 세계대전일 것이다. 세계대전이 끝나는 시점에서 역사학은 당대의 중요한 문제들을 놓고 논쟁을 벌이곤 했다. 1차 세계대전 이후의 이른바 '피렌 논쟁', 2차 세계대전 이후의 '자본주의 이행 논쟁'이 대표적이다(주경철, 1999).

먼저 1차 세계대전 이후의 상황을 보자. 1차 세계대전은 유사이래 최대 규모이자 최악의 전쟁이었다. 안정적 질서 속에서 인류의 행복을 향한 끝없는 진보가 가능하리라고 믿었던 19세기 이래의 낙관적 역사관은 전쟁 이후 여지없이 무너졌다. 전쟁의 충격은 거의 문명 붕괴의 느낌을 주기에 충분했다. 이것은 마치 세계 전체를 안정된 제국 질서 속에 고정시켜 놓았던 로마 제국이 무너지고 게르만족과 이슬람이라는 외래 세력이 영내로 침입해 들어와 모든 것을 짓밟아 버린 고대 말, 중세 초의 상황을 상기시켰음 직하다.

이 혼돈과 암흑의 성격은 무엇인가, 그로부터 어떻게 새로운 질서를 찾을 것인가 하는 문제는 포로수용소에서 유럽 문명의 파괴를 지켜보았던 앙리 피렌 같은 역사학자에게는 바로 자기 시대가 당면한 과제로 여겨졌을 것이다.

한편 2차 세계대전 이후의 사회는 서구 자본주의의 절정기이자 동시에 냉전의 고통이 극대화된 시기였다. 마르크시스트 시각을 공유하고 있는 역사가들과 사회과학자들 사이에서는 자본주의 사회구성체의 성격이 무엇인가, 그리고 그것은 언제, 어떻게 종말을 맞이할 것인가에 대해 깊은 관심을 가졌고 그 문제를 이해하기 위해서는 결국 자본주의가 언제 어떻게 형성되었는가에 대해 묻지 않을 수 없었다.

자본주의는 농촌 경제 내부의 계급갈등에서 동력을 찾는가, 아니면 도시의 상업과 같은 외생적 요인에 의해 발전의 길을 모색하는가? 이제는 다소 철이 지난 느낌이 들지만 이런 논쟁은 단순한 회고적 역사학·사회과학의 학문적 논쟁이 아니라 당시 사회의 성격을 둘러싼 치열한 문제의식의 발로였다.

오늘날 역시 유사하다. 거대한 변화의 물결이 넘실대는 이 시대에 인류는 어떤 발전을 거듭했으며, 앞으로 어떤 미래를 맞이할 것인가 하는 중차대한 문제 앞에서 역사학은 다시금 새로운 방향 설정을 모색하고 있다. 이런 상황에서 우리 학계에서 어떤 역사 연구와 교육이 필요한가에 대해 생각해 보자.

우선 역사를 '크게 볼 것인가, 작게 볼 것인가' 하는 문제가 다시 제기된다. 거대 서사와 미시사 중 어느 편이 더 적합한 방식인지 단정할 수는 없다. 두 가지 모두 나름의 장단점을 가지고 있기 때문이다.

미시사는 세밀한 분석을 통해 인간과 그를 둘러싼 배경을 정치하게 이해하는 장점이 있다. 원래의 미시사란 작은 문제에 집착하라는 의미가 아니다. 오히려 작은 샘플 속에서 거대한 사회적 힘들이 어떻게 충돌하는지 보임으로써 세상의 변화를 파악하는 의미였다.

　다만 역사가의 탁월한 역량이 빛을 발하지 않으면 문자 그대로 작은 사건, 작은 의미만 읽어내는 방향으로 가버릴 수 있다. 최근 많은 연구 논문들이 이 비슷한 문제점들을 노정하곤 한다. 자신에게만 익숙한 작은 주제를 선정하고 관련 자료들을 분석하여 흠 없는 논문을 만들어낸다. 전문성의 장점은 분명하지만 자칫 스스로 고립된 세계에 매몰될 위험이 크다.

　역사 현상은 지극히 다양한 요소들이 뒤얽힌 복잡한 현상이라는 점을 잊지 말아야 한다. 근자의 감염병 사태를 보면 그 점을 알 수 있다. 현금의 사태는 단순히 생물학적 원인으로 모든 것을 설명할 수 있는 게 아니다. 여기에는 정치·경제·문화·국제관계·법률 등 모든 요소들이 함께 영향을 미친다.

　또한 대부분의 중요한 사건들은 우발적으로 생겨났다기보다는 장기간의 과정을 거치며 만들어진다는 점도 분명하다. 따라서 기본적으로 긴 시간대 속에서 보아야 잘 이해할 수 있다.

　이런 점들을 놓고 볼 때 현재 우리 학계에서 상대적으로 더 필요한 과제는 장기적 시간대에서 다양한 요소들을 고려한 거대 서사를 되찾는 것이다. 물론 여기에도 문제가 없지 않다. 누구나 브로델 같은 슈퍼스타가 될 수는 없다. 또 브로델이 만들어낸 그런 거대 서사가 반드시 옳은 방향이라고 할 수도 없다. 역사학의 모든 대상들을 기계적으로 종합한다고 해서 사회의 총체성이 온전히 살아나는 것은 아니다.

따라서 거대 서사를 회복한다고 할 때 이전과 똑같은 방식으로 회귀한다기보다는 훨씬 더 '스마트한' 방식으로 개선해야 할 것이다. 그야말로 모든 요소들을 다 연구한다기보다는 장기적 전망을 잘 보여주는 부문들을 우선적으로 고려해야 한다. 아마도 환경사環境史 같은 분야가 적절한 예일 것 같다. 이와 같은 장기적 전망의 연구가 한 개인의 역량을 벗어나는 과제라면 공동 연구를 수행하든지 혹은 학회 차원의 접근도 생각해 볼 수 있을 것이다.

역사학은 이전과는 다른 성격으로 진화할 가능성이 크다. 예전에는 거의 접근하기 어려웠던 사료들이 디지털화되어 공개되고 있다. 이제는 우수한 학부생이라면 1차 사료들을 다량으로 읽고 우수한 졸업논문을 쓸 수 있는 시대다. 이는 단순히 기존 문서 자료들의 디지털화만 의미하는 게 아니라 완전히 새로운 자료들로의 접근 가능성이 열렸다는 것을 의미한다. 수많은 영상 자료들, 고고학 자료들은 문서 자료에만 의존하던 때와는 차원이 다른 연구 성과를 가능케 한다.

사회과학이나 이공계 학문 분야의 소양을 갖춘 역사가라면 이전과는 완전히 다른 종류의 자료들을 새로운 방법론으로 읽어서 생각도 못했던 연구 성과들을 얻을 수 있다. 예컨대 지질학, 생물학, 해양학 등의 도움으로 지난 시대의 기후변화를 파악하는 기후사氣候史가 한 예이다. 앞으로는 역사가들도 빅데이터 처리 방식을 배우게 될 가능성이 크다.

연구뿐 아니라 서술 방식 또한 새로운 방식에 눈떠야 한다. 지난 시대의 학문적 엄숙주의를 지나치게 고집할 이유는 없다. 이제 사람들은 이전과는 비교할 수 없이 다양한 미디어에 접하며 정보를 얻는다. 새로운 미디어가 역사학 혹은 유사 역사학의 장소가 되고 있다. 그 영향을 받아서인지 역사책 역시 얄팍하고 짧은 내용의 책들이 양산되는 문제도 없지 않다. 이런 사정 앞에서 역사학자들은 어찌할 것인가?

새로운 매체의 등장에 무조건 등을 돌리는 것은 옳은 태도가 아니다. 언제나 새로운 매체들은 장점과 단점을 다 가지고 있으니, 조금 더 개방적이고 적극적인 자세로 임할 필요가 있다. 다만 전문 역사가들이 심층적 연구를 수행하면서 동시에 대중화 작업까지 수행하기에는 역량이 부족한 형편이어서, 앞으로는 고급 통속화haute vulgarisation 분야의 전문가들을 따로 양성하는 방안도 고려할 필요가 있다.

미래를 어떻게 맞이할 것인가

이 글의 시작 부분에서 우리가 던진 질문은 과학기술의 발전이 사회를 변화시키는 핵심 동력인가, 그리고 현재 일어나는 변화의 정도나 속도는 문명 차원의 변혁을 가져오고 우리 삶을 총체적으로 뒤엎을까 하는 의문이었다. 물론 이 문제에 대한 명료한 답을 제시하기에는 너무 이른 감이 있다. 현재는 분명 급속한 변화 혹은 '가속화가 일반적인' 세상이다. 이 과정의 끝이 어떻게 귀결될지 현재로서는 알 수 없다.

놀라운 과학기술 발전이 어디까지 이를 것이며, 그 결과 우리의 삶이 어떤 방향으로 나아갈지는 누구도 예측하기 힘들다. 그럼에도 이 문제에 대해 잠정적이라도 답을 찾아보는 노력이 필요하다. 미래를 대비하기 위해서는 우선 문제의 성격을 이해하고 또 어떤 방향에서 답을 찾는 게 좋은지 성찰해야 할 터이다.

최근 많이 거론하는 과학기술 분야들, 즉 드론·로봇·삼차원 인쇄·신소재·사물 인터넷·비트코인·생체 인쇄·생물공학 같은 부문에서 현재 예견하는 정도로 발전이 이루어진다면 우리 삶의 양태는 분명 엄청나게 변할 것이다. 그렇지만 그 변화가 어느 수준으로 일어날지 다시 물을 필요가 있다. 그 변화가 인간의 존재 양태를 완전히 뒤바꾸는 정도인가에 대해서는 여전히 확신이 서지 않는다.

농업혁명이나 1차 산업혁명 전과 후를 비교하면 분명 질적인 도약이 일어났다. 자연 속에서 이동하며 사냥과 채집으로 살아가는 생활에서 마을을 이루고 정주하여 작물을 재배하며 사는 생활로 변한 것은 가장 극적인 변화라 하지 않을 수 없다. 또 농업 위주의 사회에서 산업사회로 전환된 것 역시 그에 못지않은 큰 변화였다.

그런데 현재 진행되는 과학기술의 충격이 앞선 두 혁명에 비견하는 수준의 질적 도약일지는 불명확하다. 완전히 새로운 종류의 변화라기보다는 현 산업사회의 심화, 다시 말하면 1차 산업혁명이 일으킨 큰 흐름의 연장이라고 해석할 가능성도 크다.

엄청난 과학기술의 발전은 곧 인류 사회가 더욱 큰 힘을 축적해 가진다는 것인데, 그 힘을 누가 소유하고 이용하며 누가 이익을 차지하는가가 다시 문제가 될 것이다. 1차 산업혁명 이후 한 사회 내부적으로나 세계적 차원에서나 부익부 빈익빈 현상이 심화했다. 예컨대 지금도 우즈베키스탄에서는 초등학교 학생들이 하루 3센트에 해당하는 일당을 받으며 면화를 수확하고 있다.

말하자면 1차 · 2차 · 3차 산업혁명의 성과들이 현재까지도 전 지구적으로 널리 보급되지 않은 것이다. 세계 인구 65억 명 중 10억 명이 극빈상태에 처해 있다는 연구도 제시되었다(Collier,

2007). 목하 진행 중인 과학기술의 발전 또한 이 문제를 온전히 해결할 가능성이 크지는 않아 보이며, 오히려 더 악화될 수도 있다. 1차 산업혁명과 마찬가지로 4차 산업혁명 역시 글로벌 차원의 격차를 심화시킬 우려가 크다.

4차 산업혁명의 발전 도상에서 소외되는 국가뿐 아니라 그 성과를 크게 누리는 국가에서도 문제의 소지가 없지 않다. 1차 산업혁명에서는 인간의 근육을 대체한 기계들이 등장했던 반면, 현재 진행 중인 혁명적 변화 과정에서는 인간의 뇌와 신경을 대체하는 기계(인공지능)가 발전하고 있다. 이런 식으로 개발되어 나올 인공 근육과 인공 뇌가 결합할 때 엄청난 생산성 향상을 기대할 수 있다.

결국 인간 활동의 많은 부분을 기계가 대체하는 결과를 가져올 텐데, 이는 한편으로 인간이 노동에서 '해방'됨을 의미할 테지만 다른 한편 인간이 노동에서 '배제'되어 무능력한 수인囚人으로 전락하는 것을 의미할 수도 있다. 토머스 모어가 《유토피아》에서 걱정하듯 양이 사람을 잡아먹는 시대가 오는 게 아니라 기계 인간이 사람을 잡아먹는 시대가 올 것인가?

4차 산업혁명이 인간의 노동, 더 크게 인간 존재에 대해 어떤 영향을 미칠지에 대해서도 여러 논란이 있다(이영희, 2019). 일부 연구는 "단순한 육체노동에서 전문적 지식 노동에 이르기까지 현재 미국의 직업 중 약 47%가 향후 수십 년 안에 사라지게 될 것"이라고 예측하였다(Frey & Osborne, 2015). 세계은행 역시 OECD 회원국 사이에서 향후 자동화에 따라 사라질 위험에 처한 일자리가 57%에 이를 것으로 전망했다. 단순 노동만이 아니라 교육받은 사람이 하는 대부분의 숙련된 일과 사업도 대체 대상이 되어 노동시장의 대변혁을 초래할 것이라는 암울한 전망들이 나온다(이영희, 2019).

반면 그다지 비관적으로 보지 않는 연구들도 꽤 있다. 독일의 연방노동사회부 위탁으로 수행된 한 연구는 독일 내 일자리의 12%만을 대체 가능성이 높은 고위험군으로 분류하였다. 또 2025년까지 독일 내에서 일자리 49만 개가 사라지는 반면 43만 개가 새로 생기고, 2030년까지 70만 개 일자리가 제조업에서 서비스업종으로 직종 전환이 이루어질 것으로 예측하는 연구 결과도 있다(김기선, 2016).

지난 역사적 경험은 과학기술의 발전으로 고용이 줄고 노동의 질이 저하하는 방향으로 나아갈 수도 있고, 반대로 고용이 더 생겨나면서 노동의 질이 향상하는 방향으로도 나아갈 수도 있다는 점을 보여 준다. 다시 말해 현재 진행 중인 변화가 어떤 방향으로 나아갈지는 아직도 정확한 예측이 힘들다. 따라서 과학기술의 발전이 노동의 종말을 가져오든지 혹은 완전한 인간 해방을 가능케 하리라는 식의 기술결정론에 경도되는 것을 피해야 한다.

기술과 인간, 기술과 사회 사이의 관계는 지극히 복잡하고 미묘한 문제인데, 기술의 발전이 인간과 사회를 특정한 방향으로 이끌어 간다고 지나치게 단순화시킬 우려가 크기 때문이다. 다만 새롭게 발전하는 과학기술이 수많은 노동자들에게 불안정성과 소외, 차별을 가져올 가능성은 다분해 보인다(Wajcman, 2017).

아마도 과학기술의 발전이 일반적으로 거대한 실업 사태를 가져온다기보다는 노동의 형태와 질에 심대한 영향을 끼칠 위험이 더 커 보인다. 다만, 이런 것은 피할 수 없는 운명적 현상이 아니라 우리가 좋은 방향으로 통제할 수 있는 영역 내에 있는 것으로 보인다.

이와 관련하여 기술의 사회적 형성론social shaping of technology을 주목할 필요가 있다. 이 이론은 기술이 사회에 끼치는 영향은 결국 사회 구성원들이 그 기술의 내용을 어떻게 채워 가느냐에 달렸다고 보는 주장이다(이영희, 2019). 다시 말해 기술이 사회적 가치와 철학, 선택을 반영한다는 점을 강조한다.

이에 따르면 과학기술의 부정적 영향을 최소화하기 위해서는 사후 대응적 처방책을 제시하는 것보다는, 개발하고자 하는 기술에 대한 이해 당사자들의 폭넓은 참여에 기반하여 기술의 설계와 개발 과정을 민주적으로 통제해야 한다. 만일 이런 접근이 가능하다면 '4차 산업혁명'의 도도한 흐름을 무방비로 맞이할 것이 아니라 우리 사회가 원하는 인간적 삶이란 어떤 것인지 논의하고 거기에 맞는 과학기술의 발전 방향에 대해 사회적 공론을 형성하는 일이 가능하다.

이 점에서 과학기술과 인문학의 상호 대화가 절실하다고 할 수 있다. 인간이 만들어 가는 그 엄청난 힘을 인간 스스로 잘 통제할 만큼 현명한지 확실하게 답할 수 없다. 과학기술이 사회·문화를 바꾸는 강력한 힘이 될 수 있지만, 그 힘은 사회와 문화의 필요에 따라 개발되고 조정되어야 한다. 과학기술과 사회·문화가 얼마나 선순환 관계를 이루며 진화해 가는지가 앞으로 주요 과제다.

과학기술이 지극히 강력한 힘을 행사하겠지만, 과학기술은 그 자체가 올바른 방향으로 나아가고 있는지 반성적 질문을 제기하지는 않는다. 그럴진대 인간의 구체적 삶이 어떤 방향으로 나아가야 하는지 생각하는 학문적 접근이 무엇보다 긴요하다. 다시 강조하지만, 현재의 가속적 변화는 정해진 코스를 밟아가지는 않는다. 아직 오지 않은 미래에 대해 염려하고 그에 대한 방향을 찾아보는 인문학적 노력이 도움을 줄 것으로 기대한다.

참고문헌

김기선(2016), "디지털화와 노동: 디지털시대 노동의 과제", 〈노동정책연구〉,
    16권 4호.
김대식 · 김동재 · 장덕진 · 주경철 · 함준호(2020),《초가속: 새로운 시대가
    대한민국에 던지는 질문들》, 동아시아.
김승환(2017), "제4차 산업혁명과 과학기술", 〈지식의지평〉, 23호.
이영희(2019), "과학기술 시대의 인간 노동", 〈지식의지평〉, 26호.
주경철(2022),《바다 인류: 인류의 위대한 여정, 글로벌 해양사》, 휴머니스트.
주경철(1999),《역사의 기억, 역사의 상상》, 문학과지성사.
클라우스 슈밥, 송경진 역(2016),《클라우스 슈밥의 제 4차 산업혁명》, 메가스
    터디북스.
토크빌, 이용재 역(2006),《앙시앵레짐과 프랑스혁명》, 박영률출판사.
펠리페 페르난데스 아르메스토, 이재만 역(2020),《옥스퍼드 세계사》, 교유서가.

Allen, R. C.(2009), *The British Industrial Revolution in Global Perspective*,
    Cambridge University Press.
Brunner O., Conze W. & Koselleck, R. eds. (1972~1997), "Krise",
    *Geschichtliche Grundbegriffe: Historisches Lexikon zur politisch-sozialen
    Sprache in Deutschland*, Stuttgart, 3: 617.
Collier, P.(2007), *The Bottom Billion: Why the Poorest Countries are Failing
    and What can be Done about it*, New York: Oxford University
    Press.
Frey, C. B. & Osborne, M. A.(2015), "Technology at work: The future
    of innovation and employment", *Global Perspective & Solutions*.
Starn, R.(1971), "Historians and 'crisis'", *Past & Present*, no.52.
Wajcman, J.(2017), "Automation: Is it really different this time?", *The
    British Journal of Sociology*, 68(1).
Yeats, W. B., "The Second Coming", https://poets.org/poem/secondcoming.

4장

고르디우스의 매듭 풀기

문명대전환기 한국역사학계의 과제

박태균
(서울대학교 국제대학원 교수)

들어가며

20세기에 일어났던 변화는 19세기 이전에 일어났던 모든 변화를 다 집어삼킬 수 있을 만큼 빠르고 거대한 것이었다. 인류에게 불의 발견이나 산업혁명이 변화의 큰 변곡점이 되었다면, 20세기에는 산업혁명으로부터 잉태된 수많은 변화들이 동시다발적으로 발생했다. 20세기 초까지만 하더라도 꿈꿀 수 없었던 변화가 100년 동안 나타났기 때문이다.

무엇보다도 과학기술의 발전은 지구 전체를 인간의 개발 대상으로 만들었다. 심해深海나 땅속 깊은 지하를 제외하고 인간의 손길이 닿지 않는 곳이 없어졌다. 자연으로부터 인류를 지키는 세상에서, 21세기에 들어서 인류가 자연을 만들어 가는 인류세人類世, Anthropocene라는 용어가 탄생한 것도 이 때문일 것이다.

이러한 변화는 인류 전체에게 동일하게 다가오지는 않았다. 산업혁명의 시혜를 먼저 받았던 서구 국가들에게 인류세가 이미 19세기 이전에 시작되었다면, 서구 국가들에 의해 산업혁명이 도입된 개발도상국의 인류세는 20세기에 들어서서 본격화되기 시작했다. 한국의 경우 후자에 속하지만, 20세기 후반기에 들어와 선진 산업혁명국가들의 수준에 이르기 시작했다. 이는 20세기 전체를 통해서도 매우 드문 경우였다.

과학문명뿐만 아니라 정치, 사회적으로도 20세기는 인류에게 큰 변화를 가져다주었다. 20세기를 마감하는 1999년 영국의 한 방송사는 20세기를 기념하는 다큐멘터리에 '인민의 세기People's Century'라는 제목을 붙였다. 지배계급에 의해 움직여 온 역사가 20세기에 들어 일반인들의 힘에 의해 움직이기 시작했다는 의미였다.

물론 이를 전 세계의 모든 지역이나 국가에 적용할 수는 없지만, 보통선거와 남녀평등이 인류에게 있어 가장 보편적인 정치, 사회적 형태가 된다는 것은 19세기 이전에는 상상도 할 수 없었다. 또한 공산주의 혁명이 발생하고, 시민혁명에 의해 정권이 교체되는 역사가 보편화되기도 했다.

20세기 100년간 한국 사회는 이러한 모든 변화를 경험했다. 전근대왕조에서 식민지로, 독립 후 분단과 전쟁, 그리고 산업화와 민주화에 이르기까지 서구 사회가 수백 년 동안 경험했던 역사, 그리고 개발도상국은 아직도 다 경험하지 못한 역사를 동시에 경험한 것이다. 이러한 급격한 변화는 발전국가로 표현되기도 했고, 압축적 근대화로 이론화되기도 했다.[1]

문제는 이러한 급격한 변화가 20세기 말에 이르러 복잡하고 복합적인 사회적 이슈들을 양산해 냈다는 점이다. 산업화, 민주

---

[1] 장경섭 저, 박홍경 옮김(2023), 《압축적 근대성의 논리》, 문학사상.

화, 그리고 다원화는 한국 사회를 급격하게 진화시켰음에도 불구하고 이로 인해 나타난 사회적 부작용들을 해결하기에는 시간적 여유가 없었다.

이렇게 복합적 이슈들이 제대로 해결되지 않은 상황에서 한국 사회는 21세기를 맞게 되었다. 21세기는 3차 산업혁명으로부터 얼마 되지 않아 다시 맞이하게 된 4차 산업혁명으로 시작되었다. 교통수단의 발달과 국가 간 발전 정도의 차이로 인한 국제 이주는 사회적 다원화를 더 가속화했다. 여기에 더하여 인류세가 진행되면서 나타난 팬데믹은 인간 문명에 또 하나의 큰 충격을 주었다.

복잡하고 다양한 매듭으로 꼬여 있는 한국 사회에서 한국사학계는 어떤 길로 나아가야 할 것인가? 특히 인류 문명의 대전환기로 규정되는 현시대에 한국사학계가 선택해야 할 진보와 진화의 방향은 어디가 되어야 할까? 이 글에서는 문명대전환기를 맞고 있는 한국사학계의 현실적 문제와 그러한 문제 위에서 추구해야 할 앞으로의 방향에 대해 논의하고자 한다.

먼저 21세기에 들어서면서 한국사학계에서 제기된 문제들을 점검하고, 4차 산업혁명 및 팬데믹을 거치면서 알렉산더대왕이 고르디우스의 매듭을 한 번에 잘라버렸듯이, 이러한 논의들을 버리고 갈 것인지, 아니면 기존의 문제들을 해결하면서 새로운 방향을 모색해 가야 할지에 대한 필자의 견해를 제시하고자 한다.

21세기 초 한국사학계의 상황

해외 한국사 연구자들로부터의 목소리

20세기 말 한국사학계에 가장 큰 충격을 주었던 것은 해외 한국사 연구자들의 견해였다. 그 충격은 두 지점으로부터 왔다. 하나는 제임스 팔레 James B. Palais 교수의 조선 사회를 바라보는 새로운 견해였고, 다른 하나는 신기욱 교수와 마이클 로빈슨 Michael Robinson 교수가 주도했던 식민지 근대성 Colonial Modernity에 대한 연구였다.[2]

제임스 팔레 교수는 〈한국의 독특성에 대한 일고〉[3]를 통해 조선 사회가 당대의 중국이나 일본과 다른 점을 구분하려고 했다. 그는 한국학을 중국학과 일본학의 하위 범주로부터 독립시키기 위해서는 한국의 독특성을 밝혀야만 한다고 전제한 뒤, 조선시대가 정체되어 있음을 노예제도[4]와 세습귀족적 양반제도,

---

2　Shin G. W. & Robinson, M.(2001), *Colonial Modernity in Korea*, Cambridge: Harvard University Asia Center.

3　Palais, J. B.(1995), "A Search for Korean uniqueness," *Harvard Journal of Asiatic Studies*, Vol. 55, No. 2, 409~425.

4　팔레 교수는 노비를 'Nobi'라고 쓰지 않고 'slave'로 표현했다.

그리고 허울뿐인 중앙집권체제와 중국 중심의 조공朝貢체계에의 안주 등으로 조선 사회의 독특한 특징을 밝히고자 했다. 이는 조선이 스스로 근대산업화로 나아갈 수 없는 조건이 되는 것이기도 했다.

팔레 교수의 이러한 지적이 주목되는 점은 20세기 한국역사학계에 대한 통렬한 비판이 있었기 때문이었다. 그는 한국의 역사학자들이 자본주의 맹아론萌芽論을 연구하면서 일제강점기를 거치지 않았어도 조선 스스로가 근대산업화를 이룩할 수 있었다고 주장하는 것은 부끄러운 역사적 사실을 감추고자 한 시도였다고 지적했다.

이는 한국사학계가 해방 후 식민사관으로부터 벗어나는 과정에서 나타났던 조선후기 연구에 대한 비판이었다. 팔레 교수의 주장은, 유형원柳馨遠을 연구하면서 한국사학계에서 근대적 학문으로 규정된 실학이 사실은 근대적인 것이 아니라 복고적이었다고 규정한 그의 연구로부터 비롯되었다.

신기욱 교수 등의 식민지 근대성에 대한 연구는 시기적으로 팔레의 주장과는 동떨어져 있는 것으로 보이지만, 실상 조선 사회의 경제적 정체, 그리고 법으로만 존재했던 중앙집권체제에 대한 비판적 시각으로부터 출발했다.

조선 사회의 특징을 볼 때 스스로 근대화할 수 있는 능력이 부재했고, 따라서 한국역사에서 근대화의 기원을 찾기 위해서는 일제강점기에 시작한 근대화의 모습을 연구해야 한다는 것이었다.

여기에는 에커트 Carter J. Eckert 교수의 민족주의적 역사관에 대한 비판이 중요한 논리적 바탕이 되었다. 일제강점기를 있는 그대로 보지 않고 민족주의적 관점에서 보았기 때문에 결과적으로 국내 한국사학계의 연구가 조선시대뿐만 아니라 한국역사 전체적으로 실증적, 객관적이라기보다는 민족주의적 관점에 치우쳐 있다는 것이다.

팔레 교수의 주장과 신기욱 교수 등의 문제제기는 이후 해외 학계에서 일제강점기에 대한 연구가 주류로 제기되는 데 중요한 역할을 했다. 물론 이와 함께 1990년대부터 서구 학계에서 시작된 '발전국가'에 대한 논의 역시 국내 한국사학계에 준 영향이 적지 않았다.

1945년 이후 개발도상국 중 경제성장에 성공했던 국가들을 분석하는 과정에서 제기된 '발전국가' 이론은 암스덴 Alice H. Amsden의 '아시아의 다음 거인'으로 구체화되었다.[5] 이러한 해외에서의 목소리는 국내 한국사학계에 대한 큰 문제제기였으며, 21세기의 문턱에서 해결해야 할 논쟁이었다.

---

5   Amsden, A. H.(1989), *Asia's Next Giant: South Korea and Late Industrialization*, New York and Oxford: Oxford University Press.

모더니즘에 대한 국내 역사학계의 비판과 그 복잡성

국내 한국사학계에 대한 해외 역사학자들의 비판은 그 영향이 적지 않았다. 조선시대의 전체 시대상을 보지 않고 한정된 시기만을 보았다는 비판에서부터, 식민사학을 극복하기 위해 해 왔던 노력을 폄하해서는 안 된다는 국내 사학계의 반(反)비판도 있었지만, 민족주의로부터 벗어나 역사를 보다 실증적, 과학적으로 봐야 한다는 반성도 있었다. 이러한 두 가지 측면을 모두 고려하면서 국내에서는 일제강점기와 해방 이후의 역사를 새롭게 규명하기 위한 노력이 진행되었다.

2006년에 출간된 《근대를 다시 읽는다》 1권과 2권(역사비평사)은 민족주의적 관점에서 이루어진 일제강점기에 대한 연구를 식민성과 함께 근대성의 관점에서 재구성한 책이다. 근대의 문제 역시 서구적 근대화에 집중했던 20세기의 근대화론으로부터 벗어나 식민지적 근대성이 갖는 모습을 재현하고자 한 것이다.

《근대를 다시 읽는다》에서 나타난 문제의식은 일본제국주의를 중심에 놓고, 그에 대한 저항과 협력의 이분법으로 일제강점기를 분석했던 기존의 연구경향에 대한 비판이었기에 《식민지의 회색지대》(윤해동, 2003)가 갖고 있는 문제의식과 맥을 같이 하는 것이었다.

이러한 노력은 한국사학계뿐만 아니라 문학, 인류학, 언어학이 동참하면서 21세기 역사학의 관점뿐만 아니라 구술사를 포함한 역사방법론에 대한 문제제기였다. 역사학계의 새로운 문제의식은 또한 유럽의 역사학계에서 제기되었던 미시사로 연구방법론을 확장하고자 하는 노력과 결합하기도 했다.6 근대성과 미시사를 통한 20세기 한국사학계에 대한 문제의식은 일제강점기를 새롭게 조명한 많은 연구 성과들로 이어졌고, 그 영향으로 2008년 〈모던보이〉, 〈라듸오 데이즈〉와 같은 영화가 제작되기도 했다.

또 다른 문제제기는 '대중독재'로 시작되었다. 이는 독재체제를 냉전에 편승한 현상으로 분석하는 새로운 모델을 제시한 것으로 선악의 이분법적 시각에서 독재를 바라보는 것이 아니라 당시의 사회현상으로서 분석하려고 한 것이었다. 2004년 출간된 《대중독재: 강제와 동의의 사이에서》(임지현 외, 2004)에서 시작되어 《대중독재 2: 정치종교와 헤게모니》(임지현·김용우 편, 2005)와 《대중독재 3: 일상의 욕망과 미망》(임지현·김용우 편, 2007)로 이어졌다.

대중독재에 대한 문제제기는 일제강점기 연구와 마찬가지로 선악으로 이분화된 계몽주의적 관점으로부터 탈피하면서, 독재 정부가 형성되고 유지되는 과정을 복합적 시각과 미시적 시각에

---

6 곽차섭 편(2000), 《미시사란 무엇인가》, 푸른역사; 위르겐 슐룸봄, 백승종·정현숙 역(2003), 《미시사의 즐거움: 17~19세기 유럽의 일상세계》, 돌베개.

서 파악하고 있다. 아울러 유럽에서 나타났던 다양한 독재의 양상과 한국, 중국에서 나타났던 현상을 동시에 비교함으로써 세계사적 보편성과 함께 각 국가·지역의 특수성을 찾고자 했다는 점에서 20세기 한국사학계의 방향에 대한 문제제기였다고 할 수 있다. '대중독재'는 특히 역사학과 사회학 내에서 논쟁을 일으켰고, 이는《대중독재 2》에 함께 수록되었다.7

역사의 정치화와 중단된 한국사학계의 진화

21세기 초에 있었던 국내외 역사학자들에 의한 문제제기는 20세기 한국사학계가 21세기로 넘어가면서 보다 넓은 비전을 갖고 진화할 수 있는 중요한 계기를 만들었다. 새로운 논쟁이 촉발되었고, 한국사의 영역에서 서양사와 동양사 연구자들이 함께 논의할 수 있는 영역이 만들어지면서 한반도의 울타리 안에 갇혀 있었던 한국사가 세계사적으로 확대될 수 있는 중요한 변곡점이

---

7   대중독재와 미시사에 대한 문제의식에서 시작된 논의가 전개되는 동안 다른 한편에서는 역사학계가 인류학, 사회학과 결합하여 구술사의 체계적 도입에 대한 논의가 함께 이루어졌다. 한국구술사연구회 편(2014),《구술사 아카이브 구축 길라잡이 1: 기획과 수집》, 도서출판 선인; 한국구술사연구회 편(2017),《구술사 아카이브 구축 길라잡이 2: 관리와 활용》, 도서출판 선인. 구술사 연구의 중요성이 대두되면서 한국학중앙연구원에서는 구술사 연구를 위한 대형 과제를 진행하기도 했다.

마련된 것이다.

그러나 한국사학계의 진화를 위한 논의는 더 이상 진전되지 못했다. 역사가 정치적 논쟁에 휘말리고 이용되기 시작한 것이다. 1990년대 중반 이후 과거 독재정부를 합리화하는 움직임이 나타났고, 이러한 경향의 연구자들이 뉴라이트New Right 그룹을 형성했다. 민주화와 개혁으로 비판받았던 반공 독재정권에 대한 비판에 대한 반비판이 시작된 것이다. 이들은 독재정권의 반민주적·반인권적 정책에 대해, 산업화 과정에서 발생한 불가피한 과정이었으며, 인권 침해 사건의 경우 일반 국민이 아닌 공산주의자들에 대한 탄압이었다고 합리화하였다.8

뉴라이트 그룹은 2008년 이후 보수 정부의 지원을 받으면서 민주화 이후 지속된 민주주의와 인권 중심의 역사 철학을 부정하고, 경제성장과 산업화를 중심으로 역사교과서를 개편하려고 시도하였다. 이를 위해 역사교과서를 새로 집필하고 검정교과서의 하나로 올렸지만, 중등 교육기관 중 어느 한 곳도 채택하지 않자, 다시 역사교과서를 국정교과서로 바꾸는 작업이 시작되었

---

8 민족주의에 대한 비판적 입장이 강조되면서, 한국 근대 및 대중독재 문제에서 민족주의적 관점에 비판적이었던 포스트모더니즘 그룹이 뉴라이트 그룹과 결합하는 양상도 나타났다. 이러한 결합은《해방전후사의 재인식》1권과 2권(박지향·김일영·이영훈 편, 책세상, 2006)의 출판으로 외화되었다. 그러나《해방전후사의 재인식》출간 직후 두 그룹은 다시 결별하였다.

다. 이러한 시도는 한국사학계의 강력한 반발을 불러일으켰고, 기존 한국사학계와 뉴라이트 사이의 논쟁이 역사학계의 가장 중요한 논쟁이 되었다.

이러한 논쟁은 한국사학계의 진화를 위해 진행되던 모든 논의를 중단시켰다. 민족주의 중심의 관점에 대한 비판, 독재정부의 기원과 존재 방식에 대한 새로운 접근, 그리고 미시사와 구술사 등의 논의는 더 이상 진행되지 못했고, 한국사학계를 포함한 역사학계의 모든 논의와 논쟁은 뉴라이트의 역사 인식과 국정교과서 문제로 집중되었다. 박근혜 정부(2013~2017년)부터 문재인 정부 초기(2017~2018년)에 이르기까지 약 5년간 한국사학계의 모든 논쟁이 정치화된 역사 논쟁이라는 블랙홀에 빨려 들어간 것이다.

결국 20세기 한국사학계의 근대주의적·민족주의적·수정주의적 입장은, 21세기 초 서양 역사학계의 새로운 조류로부터 영향을 받은 역사학자들에 의해 새로운 논의의 장에 서게 되었지만, 보수적인 정치 세력의 역사교육 과정에 대한 개입은 21세기의 새로운 상황에 맞는 역사학계의 진화를 멈추도록 했다. 모든 논쟁은 수면 아래로 가라앉았으며, 역사를 둘러싼 정치적 논쟁이 역사학계의 중심이 되었다.

이미 민주화를 전후해서 마무리되었어야 할 논쟁이 2000년대 중반 이후 한국사학계의 중심이 되는 시대착오적 상황 속에서

2017년 문재인 정부가 출범하며, 더 이상 역사를 정치에 이용할 수 없도록 하면서 한국사학계의 보다 발전적 논의를 진행할 수 있는 상황이 만들어졌다. 하지만, 바로 이러한 상황에서 2020년 팬데믹이 발생했다. 이제 한국사학계는 2000년대에 중단되었던 논의를 지속해야 하는 동시에 팬데믹으로 인한 새로운 문명대전환 시기에 조응하는 새로운 논의를 시작해야 할 시대적 요구에 처하게 되었다.

포스트 팬데믹, 한국사학계가 주목한 이슈들

생태환경사와 디지털 역사 연구의 필요성 제기

2020년 초부터 시작한 세계적 차원에서의 팬데믹은 새로운 문명대전환이 시작되고 있다는 추세를 보여주는 것이었다. 20세기말의 3차 산업혁명에 이어 21세기에 급속하게 진행된 4차 산업혁명은 문명대전환을 예고한 것이었는데, 팬데믹은 그동안 인류가 진행했던 세계화의 추세를 일순간 멈추는 작용을 했을 뿐만 아니라 이전의 변화를 가속화시키는 역할을 했다.

세계화가 확산되면서 맞이했던 2008년의 경제위기는 사회적 불평등을 강화하였고, 이는 팬데믹 시기를 통해 더 심화되었다. 4차 산업혁명으로 인한 과학기술의 변화는 팬데믹으로 인한 비대면의 시대에 인류가 적응할 수 있는 새로운 기반을 만들었다. 이와 동시에 팬데믹은 인류가 보건과 환경 문제로 인해 그 종말을 앞당길 수도 있다는 불안감을 형성하기도 했다.[9]

이러한 상황 속에서 한국사학계 내에서는 새로운 역사 연구의 필요성에 대한 공감대가 형성되었다. 지금까지 사회와 국가 차원에서의 인간을 대상으로 했던 연구에서, 인간의 문명과 그를 둘러

---

9   박태균 편(2021), 《거대전환: 포스트코로나 시대의 사회변동》, 경인문화사 참조.

, 고르디우스의 매듭 풀기   **139**

싼 생태환경의 측면에서 역사를 연구해야 한다는 문제의식이었다. 여기에는 또한 기후 위기 문제가 본격적으로 제기되면서 자연을 인간 편의에 의해 개발했던 역사 철학에 대한 인식 전환의 의미를 담고 있었다. 이와 같은 측면에서 이미 21세기 초부터 과학 기술의 발전으로 가능하게 된 '전근대와 일제강점기의 보건 문제'에 대한 연구가 시작되었지만, 한국사학계 전반의 관심을 끌어내기보다는 관련 연구자들에 의해 부분적으로만 진행되었다.

생태환경사ecological and environmental history 연구에 대한 필요성이 제기되면서, 한국역사연구회에 생태환경사 연구반이 만들어진 것은 의미 있는 사례라고 할 수 있다. 한국사학계의 신진 연구자들로 구성된 한국역사연구회는 연구하고 있는 시대에 따라 고대사, 중세사, 근대사, 현대사로 나뉜 다음, 주제에 따라 다시 공동 연구를 수행하는 연구 조직이었는데, 시대의 한계를 넘어 전 시대를 포괄하는 생태환경에 초점을 맞춘 연구자들이 나타난 것이다.

생태환경사에 대한 관심으로 이미 2016년 '숲과 권력: 생태환경사로 한국사 읽기' 제하의 연구발표회가 열렸고,10 2017년 생태환경사 관련 연구 성과가 책으로 발간되었다.11 그리고 사학

---

10 이 발표회에서는 고대에서부터 고려, 조선, 일제강점기, 그리고 미군정기에 이르기까지 한국사 전체에서 생태환경이 역사적 변화에 미치는 영향에 대한 발표가 이뤄졌다.
11 김동진(2017), 《조선의 생태환경사》, 푸른역사. 물론 이 이전에도 이태진 교수는 16세기부터 18세기에 거친 전 세계적 기후변화가 조선중기 사회사에 미친 영향에 대해

과 교수직에 생태환경을 연구하는 연구자가 임용되는 변화가 시작되었고, 전반적으로 팬데믹을 거치면서 생태환경에 대한 관심이 더욱 고조되기 시작했다.

2023년 6월에는 '생태환경사 연구방법론 집담회'가 개최되었다. 여기에는 각 시대별 생태환경사 연구자들과 생태학자가 함께하면서 생태사의 개념, 국내외 생태환경사 연구 현황, 생태환경사의 쟁점과 한계, 생태환경사 연구방법론의 현황과 융복합 연구의 필요성, 생태환경사의 연구전망에 대한 발제와 토론이 이뤄졌다.

개발과 성장이 중심이 되었던 인류 역사의 서술방식을 생태환경적 측면에서 재조명해야 할 필요성에 대한 공감대가 확산되기 시작한 것이다. 즉, 근대 역사학 자체에 대한 근본적인 문제제기와 역사 패러다임 자체의 변화를 추구하는 것이었다.[12]

이러한 문제의식의 연장선상에서 2023년 〈역사비평〉 가을호와 겨울호에는 '20세기 동아시아의 농어업과 사회생태 물질대사' 제하의 특집이 게재되기도 했다. 여기에서는 주로 중국과 한국에서 있었던 농업문제와 환경문제를 상호 연결시켜 1950년대부터 1970년대까지의 동아시아 사회를 분석하였다.

논의를 시작해 생태환경 연구의 장을 열었다. 이태진(1996), "소빙기(1500~1750)의 천체 현상적 원인: '조선왕조실록'의 관련 기록 분석", 〈국사관논총〉 72호 참조.
12 김정란, 〈근대사분과 특별기획 "생태환경사 연구방법론 집담회"〉,
http://www.koreanhistory.org/webzine/view/2639 (2024년 1월 6일 접속).

특집 논문들과 함께 실려 있는 배항섭의 〈한국 근대사 이해의 글로벌한 전환과 식민주의 비판: 기후변동과 역사 연구의 새로운 방향 모색〉은 기존의 식민주의에 대한 접근이 한 국가 단위로 진행되어 오면서, 식민주의와 반식민주의 모두에 내재한 민족주의가 근대 중심적 세계질서와 가치에 기초해 있다고 비판하였다. 이러한 인식 위에서 기후변동과 불평등에 대한 글로벌한 대응의 필요성을 제기하였다.

또 다른 변화는 4차 산업혁명으로 인한 연구환경의 변화를 한국사연구에 도입해야 한다는 움직임이었다. 빅데이터가 모든 분야에 확산되면서 역사 연구에서 빅데이터를 도입해야 한다는 문제의식은 이미 2010년대 중반에 시작되었다. 조선시대의 소송과 과거제도의 사례를 이용한 연구에서 시작하여, 근현대 연구에서 디지털 사료에 대한 접근을 통해 빅데이터로 연구하는 방식이 확산되기 시작한 것이다.

역사 데이터의 디지털화는 여기에서 한 걸음 더 나아가 역사학과 컴퓨터 공학 공동연구팀이 토지 장부를 필지별로 대조할 수 있도록 새로운 소프트웨어(Jigsaw Map)를 개발하는 단계까지 나아가게 되었다.13

---

13 김소라(2021), 〈양안의 재해석을 통해 본 조선후기 전세 정책의 특징〉,
http://www.koreanhistory.org/webzine/view/2582 (2024년 1월 6일 접속).

〈그림 4-1〉 경주군 부내면 교리 결부 부담 변화

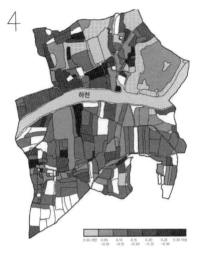

19세기 후반 경상도 경주군 부내면 교리의 100평당 결부 부담 수준

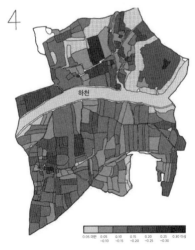

대한제국기 경상도 경주군 부내면 교리의 100평당 결부 부담 수준

출처: 김소라(2021), 〈양안의 재해석을 통해 본 조선후기 전세 정책의 특징〉.

이러한 방법론을 통해 조선후기부터 구한말, 일제강점기의 토지대장을 시계열적으로 분석하여 시기적 변화를 데이터화하고 이를 연구 성과로 도출하였다. 디지털화된 역사 데이터를 이용한 연구는 시대별로 조세의 균등성을 위해 그 기준이 서로 달라지고 있음을 밝히는 연구 성과까지 이르게 되었으며, 이를 통해 한 지역 내에서 조세부담을 위한 토지조사(양전量田)가 어떻게 변화했는가를 시각화할 수 있게 되었다.

디지털화를 통한 한국사연구의 방법론적 발전은 2023년 신진 한국사 연구자들 사이에서 '디지털 역사학 연구반'을 구성하는 성과로 이어졌다. 한국사의 모든 시대사의 자료들을 디지털화하고 이를 역사 연구에 본격적으로 이용하는 연구방법론을 본격화시키게 된 것이다. 새로운 방법론의 도입은 한국사학계가 이제 세계 역사학의 진화와 함께할 수 있는 방향으로 나아가고 있음을 보여주는 것이라 할 수 있다.

인류세

팬데믹을 전후해서 등장한 또 하나의 문제제기는 인류세 人類世의 고민을 역사학의 패러다임에 도입하는 것이었다. 한국사학계의 새로운 방향에 대한 고민을 담은 〈역사학보〉257집에는 "대기 속의 어두움: 20세기 한국의 역사는 발전의 역사인가?"(고태우,

2023)라는 논문이 게재되었다. 아직 시론에 불과하지만, 인류세의 관점에서 한국현대사를 재구성해야 할 필요성을 제기하였다.

인간이 기후변화를 유발함으로써 자연의 역사와 인류의 역사를 구분하는 근대 인문학의 근거를 무너뜨렸다는 전제하에서 자본의 역사 속에서, 근대화의 욕망이 탈식민주의, 탈제국주의의 경향을 만들었고, 이러한 흐름을 인류세의 출현과 함께 조망하는 새로운 역사 인식이 절실하게 필요하다는 문제의식이다. 이는 좀 더 거대한 우주적 관점에서 본다면 인간 중심적 생각에서 거주 가능성에 입각한 행성 중심적 시각으로의 전환을 의미하는 것이기도 하다. 마치 영화 〈인터스텔라〉의 문제의식을 공유하는 것이라 할 수도 있다.

인류세에 대한 문제의식은 개발협력에서 논의하는 글로벌 사우스Global South와 글로벌 노스Global North 사이의 불균등성에 대한 인식을 공유하기도 한다. 글로벌 사우스가 글로벌 노스에 비하여 시간적으로 늦게 인류세에 도달하였기에 기후 위기의 원인에 대한 책임소재 및 부의 불균형성이 존재함에도 불구하고, 전 지구적 차원에서 인류세에 도달함으로써 인류의 종말은 동등하게 맞을 수밖에 없다는 문제제기 역시 인류세에 근거한 역사의식의 한 축을 담당한다.

이런 관점에서 볼 때 한국 근현대사를 바라보는 관점과 평가는 인류세에 근거한 새로운 관점이 필요하다. 근대화의 관점에

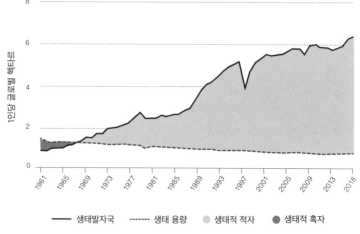

〈그림 4-2〉 한국의 생태용량과 생태발자국

— 생태발자국   ┄┄┄ 생태 용량   ● 생태적 적자   ● 생태적 흑자

출처: Global Footprint Network. https://data.footprintnetwork.org/#/-
countryTrends?cn= 117&type=BCpc,EFCpc (검색일: 2023년 1월 31일).

서 한국의 근현대사는 매우 성공적인 역사를 보여주지만, 인류
세의 관점에서 볼 때 한국 근현대사는 인류의 종말을 앞당기는
방향으로 진행되었다. 이는 사람과 경제를 지원하는 데 필요한
자연의 양을 측정하는 생태발자국 Ecological Footprint과 해당 지역의
생태 용량 Biocapacity 측정을 통해 글로벌 헥타르 Global Hectare를 만
들어 지구의 특정 지역이 어느 정도의 생존 능력을 갖고 있는가
를 측정하는 단계에 이르렀다(〈그림 4-2〉 참조).

    이러한 방법론을 놓고 볼 때 한국 근현대사의 발전과정은 점
차적으로 생태발자국의 획기적 증가에 비하여 생태 용량은 점차
줄어듦으로써 생태적 적자 Ecological Deficit가 획기적으로 증가하는

과정을 보여준다.

이는 개발과 성장의 관점에서 1인당 GDP의 성장으로 근현대
의 성과를 평가했던 것과는 정반대의 관점에서 근현대 역사를
바라봐야 한다는 결론에 이를 수 있도록 한다. 기후 위기와 팬데
믹을 거치면서 인류세에 대한 관심은 더욱 고조되었고, 이러한
기후 환경 및 자연개발에 대한 위기의식은 이제 한국사학계에서
도 새로운 역사 철학과 역사관을 요구하기 시작한 것이다.

문명대전환기,
한국역사학계는 어디로 갈 것인가

한국역사학계는 21세기를 맞이하면서 한 단계 더 진전할 수 있는 변곡점에 서 있었다. 탈식민주의와 탈냉전은 이러한 현상을 이끌어 냈다. 즉, 식민사관을 극복하고 냉전독재로 인해 왜곡되고 감추어졌던 한국역사의 다양한 측면을 분석하고자 했던 20세기 한국사학계의 노력이 해외 역사학자들에 의해 비판되었고, 국내에서도 '근대성'과 '대중독재'에 대한 문제의식을 통해 세계사 연구에서 진행되던 문제의식들을 새롭게 도입하는 현상이 대두되고 있었다.

이러한 문제의식은 한편으로는 한국사학계의 특수성이 충분하게 인식되지 못했다는 비판을 받기도 했지만, 다른 한편으로는 20세기 한국사학계가 세계 역사학계의 보편성과 소통하면서 세계사적 보편성을 갖고 발전하지 못했던 현실에 대한 비판이기도 했다. 세계 역사학계의 발전에 조응하는 한국사학계의 진화를 위한 순간이기도 했다.

그러나 이러한 시점에서 진보와 보수 사이의 정치적 갈등은 역사의 정치화를 불러왔고, 모든 역사학 논쟁이 뉴라이트와 그에 반대하는 역사학계의 비판이라는 소용돌이 속으로 빨려 들어

갔다. 이로 인해 정작 진행되어야 할 논쟁은 멈추었고, 한국사학계는 2010년대를 통해 역사전쟁에 돌입하게 되었다.

역사전쟁이 진행되는 과정에서 팬데믹이 시작되었다. 팬데믹은 이미 4차 산업혁명으로 인류가 맞이하고 있었던 문명대변혁을 가속화시켰다. 20세기 동안 급속하게 진행된 무분별한 개발과 성장으로 인한 사회적 갈등이 심화되었고, 기후 위기에 더한 보건 위기가 다가왔다. 이로 인해 인류의 문명이 비대면으로 급속하게 변화하고, 4차 산업혁명이 이러한 문명대변혁을 뒷받침하는 현상이 나타났다.

한국사학계에서는 팬데믹 이전에도 이러한 변화에 대응하기 위한 생태환경사 연구나 디지털 역사학의 필요성이 제기되었고, 이러한 논의는 팬데믹을 거치면서 더욱 확산되었다. 그 결과 다양한 시대와 주제를 연구하는 연구자들이 문명대변혁에 조응하는 새로운 관점의 역사학이 필요하다는 점을 인식하기 시작했다. 아울러 기후 위기로 인하여 시작된 인류세에 대한 논의가 한국 근현대사에도 도입되어야 한다는 주장이 나타나기 시작했다.

21세기에 진행되는 인류의 문명대변혁으로 인해 한국사학계에도 이러한 변화가 필요하다. 그러나 이 시점에서 다시 한 번 돌아봐야 할 것은 21세기 초에 전개되었던 논쟁들이다. 이 논쟁들은 한국사학계의 발전을 위해 반드시 거쳐야 할 단계였다. 이른바 역사전쟁으로 인하여 더 이상 이러한 논의가 더 진전되지 못했지만, 문명대변혁 시기의 새로운 역사학으로 나아가기 위해서는 우선적으로 21세기 초에 있었던 논쟁들의 문제의식을 계승하는 것이 필요하다.

이를 위해서는 첫째로, 세계사적 보편성 속에서 한국사를 바라보기 위한 노력이 필요하다. 20세기 한국사학계에 대한 비판은 이전의 성과를 모두 부정하는 것이 아니다. 식민지 문제와 냉전독재로 인해 왜곡되고 은폐되었던 역사적 진실을 밝히는 것은 분명히 필요한 과제였다. 그러나 이제 그러한 노력들이 세계사적 보편성과 서로 결합해야 한다. 이는 한국사학계의 성장을 위해 반드시 필요한 과정이다.

이는 두 가지 관점에서 진행되어야 한다. 우선 한국사의 다양한 이슈에 대한 분석이 한국사 내부에서의 관점을 넘어 동아시아의 범위, 아시아의 범위, 더 나아가 세계사적 범위에서 이루어져야 한다.

예컨대 해외 역사학자들이 주목했던 중국을 중심으로 했던 조공朝貢외교 체제의 문제는 한국만의 특수한 상황이 아니라 동아시아 전체에서 나타나던 보편적 현상이었으며, 더 나아가 고대 로마제국이나 중세 오스만제국에서도 보편적으로 나타나던 현상이었다. 더 나아가서 보면 1945년 이후 냉전 체제하에서 미국과 소련을 중심으로 한 제1세계와 제2세계에서의 국제질서를 조공 체계의 흐름 속에서 분석하는 것 역시 가능하다.14

한국역사 연구가 유사한 지역과의 비교 연구를 통해 이루어져야 할 필요도 있다. 이는 세계사적 보편성 속에서 한국의 특수성을 밝힐 수 있는 방법이기도 하다. 중국의 주변에 위치하면서 조공외교를 경험했던 베트남과의 비교 연구는 그 대표적 방법이라고 할 수 있다. 강대국의 옆에 위치해 있다는 숙명에서 나타나는 보편성과 함께 한국과 베트남이 위치해 있는 지역의 특수성이 양국의 역사 비교에 매우 중요하기 때문이다. 이러한 세계사적 보편성에 대한 접근은 21세기에 들어서는 문턱에서 제기되었던 국내외 역사학계의 문제제기에 대해 논의해 나갈 수 있는 기반이 될 것이다.

둘째로, 공공성에 대한 연구의 필요성이다. 근대 이후 근대화 프로젝트는 두 개의 길로 진행되었다. 하나는 자본주의적 길이었고, 다른 하나는 사회주의적 길이었다. 전자가 개인소유를 기본으로 하는 자본 중심의 체제였다면, 후자는 국가 중심의 공공성을 중심으로 하는 체제였다. 사회주의적 근대화 프로젝트는 러시아와 중국의 공산주의 혁명으로 그 길을 잃은 듯했지만, 서구 유럽의 사회주의적 정책들은 자본주의적 길과 결합하면서 그 자취를 남겨놓았다.

---

14 Yuen F. K.(2013), "The American tributary system", *The Chinese Journal of International Politics*, 6(1).

자본주의 체제에서 사회적 안전망의 구축은 사회복지를 중심으로 하는 사회주의적 공공성 정책에 의해 어느 정도 해결되는 것도 또 하나의 현실이라고 할 수 있다. 미래의 성패는 불분명하지만, 워싱턴 컨센서스에 대응하는 베이징 컨센서스의 존재 역시 공공성에 기초한 근대화 프로젝트가 아직 그 생명을 이어가고 있음을 보여주고 있다.15

이 문제는 실학實學에 대한 팔레의 비판적 시각에 대한 대응으로서도 필요한 논쟁이라고 할 수 있다. 팔레는 조선후기 실학이 취했던 고대 한당漢唐유학의 전통에 대해 근대적 요소가 없다고 판단했지만, 임시정부의 이데올로그였던 조소앙의 시각은 달랐다. 그는 공공성에 기초한 개혁이 조선후기뿐만 아니라 신라후기부터 고려시대, 조선초기, 그리고 조선후기의 사회적 개혁을 이끌었으며, 이는 해방 이후 새로 건설될 국가에서 주목해야 할 정책이라고 판단했다.16

---

15 중국 공산주의 체제의 사상적 근원을《주례》를 비롯한 전통적인 국가와 공공성 사상으로부터 찾고자 하는 움직임도 나타나고 있다. Mukhtar, M., Sherazi, H. Z. & Ahmad, R.(2020), "Chinese traditional governing approach: An analysis from ancient to Mao Zedong politics", *Liberal Arts & Social Sciences International Journalm*, 4(2).

16 박태균(2007),《원형과 변용: 한국 경제개발계획의 기원》, 서울대학교 출판부, 1장 1절 참조.

2000년대 초에 연세대 국학연구원에서 주목했던 한국 중세와 근대로의 전환기에 있었던《주례 周禮》에 대한 주목도 그 연장선 상에서 파악할 수 있다.《주례》는 국가가 중심이 된 공공성 개혁의 내용을 담고 있었다.[17] 유교적 이상주의의 내용을 담고 있지만, 공공성에 기초하여 사회적 개혁을 실행하려고 했던 전통에 주목했던 것이다. 이런 측면에서 공공성에 기초한 근대화 프로젝트를 상정한다면, 팔레가 비판했던 조선후기 실학자들의 노선은 전근대적 이상사회로의 복고가 아니라 또 다른 형태의 근대화 프로젝트였다는 해석이 가능해진다.

공공성의 측면이 중요하다는 점은 2008년 이후의 경제위기와 2020년 이후 팬데믹 상황에서 더욱 명확해졌다. 팬데믹을 극복하고, 이전에 있었던 모순이 심화되는 과정에서 국가와 공공성의 영역은 더욱 중요하다는 공감대가 형성되었으며, 이는 코로나 종식을 선언한 이후에도 계속되고 있다.

이 점에서 문명대전환기의 한국사학계는 공공성에 대한 연구를 더 발전, 확대시켜 나갈 필요가 있다. 이는 이후 전개될 새로운 연구방향의 단초가 될 수 있을 것이다.

셋째로, 세계사적 보편성 속에서 특수성을 찾는 연구와 공공성에 대한 재인식 위에서 문명대전환기에 조응하는 연구방향을

---

17 연세대학교 국학연구원 편(2005),《한국 중세의 정치사상과 주례》, 혜안.

찾아야 할 것이다. 이는 전술한 바와 같이 생태환경사에 대한 연구, 디지털 역사학에 대한 방법론적 모색을 포함할 것이다. 특히 디지털 역사학은 자료들을 디지털화하고 데이터로 연구하는 것을 넘어서 새로운 방법론을 위한 프로그램을 개발하는 수준에까지 도달해야 할 것이다. 이는 역사학만의 연구만으로는 가능하지 않을 것이며, AI를 포함한 과학기술적 연구들과의 결합 속에서 가능할 것이다.

아울러 생태환경사적 관점의 연구 역시 보다 적극적으로 융합연구로 그 폭을 넓혀야 할 것이다. 역사학 내에서 해결할 수 있는 분야도 있지만, 자연과학과 공학, 의학의 영역과 결합할 때 그 시야를 넓힐 수 있는 분야들이 적지 않다. 현재 과학기술사에 세계적 관심이 높아지는 점을 감안한다면, 과학과의 융합은 한국사학계의 높이와 수준, 그리고 세계학계의 시민권을 획득하는 데 큰 역할을 할 것이다.

마지막으로 한국사학계뿐만 아니라 모든 학문분야에서 견지해야 할 윤리와 철학과 관련된 부분이다. 4차 산업혁명을 통한 발전은 인간의 존재가치에 대한 새로운 질문을 만들어 낼 것이다. 이러한 시점에서 윤리와 철학은 인간의 존엄을 지킬 수 있는 가장 중요한 가치가 될 것이다. 더욱이 이른바 전쟁사에 대한 관심이 높아지는 현시점에서 윤리와 철학은 인간의 생존문제가 될 것이기에 한국사학계 역시 외면할 수 없는 문제가 될 것이다.

알렉산더대왕은 고르디우스의 매듭을 한 번에 잘라버림으로써 어려운 매듭을 풀려고 했다. 한국사학계의 현실은 고르디우스의 매듭만큼 풀어내기 어려운 현실에 부딪혀 있다. 그러나 매듭을 한 번에 잘라버림으로써 풀어내는 것으로 당면한 한국사학계의 현실을 해결하면서 문명대전환기로 나아갈 수는 없다. 인간의 인식은 조금씩 변화하고 진화하기 때문이다. 그렇다면 21세기 초에 진행되다가 멈추었던 논쟁들을 다시 한 번 정리하고 진행하면서 현재 당면한 과제들을 위한 미래지향적 역사관이 형성되어야 할 것이다.

참고문헌

곽차섭 편(2000),《미시사란 무엇인가》, 푸른역사.

김동진(2017),《조선의 생태환경사》, 푸른역사.

박태균(2007),《원형과 변용: 한국 경제개발계획의 기원》, 서울대학교 출판부.

_____ 편(2021),《거대전환: 포스트코로나 시대의 사회변동》, 경인문화사.

연세대학교 국학연구원 편(2005),《한국 중세의 정치사상과 주례》, 혜안.

위르겐 슐룸봄 저, 백승종·정현숙 역(2003),《미시사의 즐거움: 17~19세기 유럽의 일상세계》, 돌베개.

이태진(1996), "소빙기(1500~1750)의 천체 현상적 원인: '조선왕조실록'의 관련 기록 분석", 〈국사관논총〉, 72호.

장경섭 저, 박홍경 옮김(2023),《압축적 근대성의 논리》, 문학사상.

한국구술사연구회 편(2014),《구술사 아카이브 구축 길라잡이 1: 기획과 수집》, 도서출판 선인.

_____ 편(2017),《구술사 아카이브 구축 길라잡이 2: 관리와 활용》, 도서출판 선인.

Amsden, A. H.(1989), *Asia's Next Giant: South Korea and Late Industrialization*, New York and Oxford: Oxford University Press.

Mukhtar, M., Sherazi, H. Z. & Ahmad, R.(2020), "Chinese Traditional Governing Approach: An Analysis from Ancient to Mao Zedong Politics", *Liberal Arts & Social Sciences International Journalm*, 4(2).

Palais, J. B. (1995), "A Search for Korean Uniqueness", *Harvard Journal of Asiatic Studies*, 55(2).

Shin G. W. & Robinson, M.(2001), *Colonial Modernity in Korea*, Cambridge: Harvard University Asia Center.

Yuen F. K.(2013), "The American Tributary System", *The Chinese Journal of International Politics*, 6(1).

5장

21세기
과학의 키워드

기후 위기와 외계행성을 중심으로

고재현
(한림대학교 반도체 · 디스플레이스쿨 교수)

들어가며

21세기의 사반세기를 지나는 요즘, 가늠하기 힘들 정도의 빠른 속도로 발전하는 인공지능 AI: Artificial Intelligence 시대가 만들어 갈 미래에 대한 관심이 높다. 21세기 초 스마트폰의 등장이 일상의 패턴과 사고방식에 큰 영향을 미친 것처럼, AI는 과학기술이나 교육을 넘어 우리의 일상 속으로 깊이 파고들며 새로운 변모와 질적 도약의 기반이 되고 있다. 하지만 필자가 선정한 21세기 과학의 키워드엔 AI가 포함되어 있지 않다. 이는 AI의 중요성을 과소평가하기 때문이 아니다. 키워드 선정의 개인적 기준으로 21세기 '인류 문명의 존속' 및 '지속 가능한 발전'에 연관된 과학 기술적 이슈를 고려했기 때문이다.

이런 맥락에서 '기후 위기'는 적절한 키워드라 누구나 인정할 만하다. 21세기 인류 문명의 가장 심각한 위협 요소가 바로 인간 활동에 의해 초래된 급격한 기후 변화이기 때문이다. 2023년은 인류가 기후 관측을 시작한 이래 가장 높은 평균 기온과 평균 바다 수온, 급격히 축소되는 빙권 cryosphere의 빙하氷河와 해빙海氷, 거대 산불과 한파의 빈발 등 심각한 기후 현상과 재난이 이어진 초유의 시기였다. 세계기상기구 World Meteorological Organization의 공식 보고에 의하면 산업화 이전 대비 2023년의 평균기온이 약

1.45°C 더 높았고, 이는 파리협정에서 경고한 1.5°C 상승치에 거의 근접한 수치다. 기후 위기를 성공적으로 극복할 수 있는가에 21세기 말 인류 문명의 모습이 결정될 것이다.

반면에 '외계행성'이란 키워드는 다소 뜬금없게 보인다. 외계행성이란 우리 태양계의 외부, 즉 다른 항성(별) 주변을 도는 행성을 의미한다. 20세기 말부터 발견되기 시작한 외계행성의 수는 이제 5천 개를 훌쩍 넘었다. 그만큼 행성의 존재가 우주의 보편적 현상인 셈이다.

그런데 전혀 관련이 없어 보이는 기후 위기와 외계행성이 왜 나란히 21세기의 키워드로 선정되었을까? 두 키워드는 이 글의 후반부에서 서로 긴밀히 연결된다. 외계행성에도 문명이 탄생하고 진화한다면 외계 고등 생명체 역시 스스로가 일으킨, 혹은 자연적으로 초래되는 기후 위기에 직면할 가능성이 높기 때문이다. 지구에서 인류가 기후 위기를 성공적으로 극복할 수 있을지 여부는 결국 우리 우주에 존재했거나 앞으로 탄생할 고등 문명의 평균 존속 기간과 연결된다. 우리는 자신의 문명을 돌아봄으로써 우주에서 우리와 소통 가능한 고등 문명의 수에 대한 힌트를 얻을 수 있다. 이런 맥락에서 외계행성에 대한 연구는 기후 위기의 시대에 인류가 스스로를 성찰할 소중한 기회를 제공한다.

기후 위기 인식의 역사 및 기후 위기의 물리학

기후 위기 인식의 역사

지구의 표면 온도와 대기의 역할에 대한 과학적 연구의 역사는 꽤 오래되었다. 이공계 연구자들이라면 누구나 아는 프랑스의 과학자 조제프 푸리에 Jean Baptiste Joseph Fourier 는 차가운 우주 공간에 둘러싸여 있는 지구가 왜 우주처럼 차갑지 않은지에 대한 궁금증을 갖고 대기의 역할에 대해 연구했다.

그는 태양빛을 받아 가열된 지표면이 눈에 보이지 않는 적외선(열선)을 우주로 방출하는 메커니즘에 주목했고, 만약 대기가 없다면 지표면의 온도가 영하를 기록해야 한다는 점을 계산을 통해 알게 되었다. 푸리에는 결국 지구의 대기가 온실의 유리창이나 겨울철 담요처럼 지구의 온기가 차가운 우주로 빠져나가는 것을 막는 역할을 한다는 점을 깨달았다.

그렇다면 대기를 구성하는 다양한 성분 중 어떤 기체가 지구가 방출하는 적외선 에너지를 중간에 가로채 흡수하며 지구의 가열에 기여하는 것일까? 영국의 물리학자 존 틴들 John Tyndall 과 1903년 노벨화학상 수상자인 스웨덴의 스반테 아레니우스 Svante Arrhenius 등이 수행한 실험과 계산을 통해 대기 중 이산화탄소 및 수증기와 같은 특정한 온실가스 분자들이 적외선을 강하게 흡수한다는 점이 밝혀졌다.

산업혁명 이후, 증가하는 인류의 산업 활동에 의해 막대한 양의 이산화탄소가 대기 중으로 방출되었다. 20세기 초반에는 산업 활동으로 배출되는 이산화탄소의 양이 화산활동 등 자연적 활동으로 배출되는 양과 비슷하다는 점이 알려졌고, 20세기 중반을 지나며 인류의 활동으로 증가하는 이산화탄소가 지구온난화에 미치는 영향에 대한 우려가 점증하기 시작했다.

예를 들어 1987년 한 저널에 실린 논문에서는 "현재 지구 기후의 변화가 점진적이기보다는 갑작스럽게 일어날 수 있다는 뚜렷한 증거가 있다. 이제 대기 중 이산화탄소 축적에 대한 연구를 보다 체계적으로 진행해야 할 때이다."라 밝히고 있다.[1]

기후변화에 관한 정부 간 협의체IPCC: Intergovernmental Panel on Climate Change에서 발간한 2021년 보고서에 의하면 "인간의 영향 때문에 대기와 해양, 육지가 온난해지고 있다는 것은 명백한 사실이다. 대기권, 해양권, 빙권, 생물권에서 광범위하고 급격한 변화가 일어나고 있다."라고 명시되어 있다.[2] 인류에 의한 기후 변

---

1 Broecker, W. S. (1987), "Unpleasant surprises in the greenhouse?", *Nature*, 328, p.123.

2 IPCC(2021), *Climate Change 2021: The Physical Science Basis*, Cambridge University Press, https://www.ipcc.ch/assessment-report/ar6.

화는 이제 누구도 부정할 수 없는 명백한 과학적 사실로 자리 잡았다.

기후 위기의 물리학

지구 대기에는 질소가 약 78%, 산소가 약 21%, 기타 아르곤, 이산화탄소 등이 소량 포함되어 있다. 대기의 대부분을 차지하는 질소와 산소 분자 대신 왜 소량의 이산화탄소나 수증기 등 특정 분자만 지구 온난화의 원인이 되는가? 기후 위기를 설파하는 사람들 중에도 온실가스의 역할을 정확히 이해하는 사람은 많지 않다. 이번 절에서는 온실가스의 과학적 메커니즘에 대해 간략히 설명한다.

실온 정도의 온도를 갖는 물체는 전자기파 대역 중 눈에 보이지 않는 적외선赤外線을 방출한다. 사람의 몸에서도 체온에 대응하는 적외선이 나오는데 그 양을 측정함으로써 체온을 잴 수 있다. 이것이 체온 측정기의 원리다. 지구도 마찬가지다. 지구에 쏟아지는 태양빛의 일부는 우주로 반사되고 나머지는 지구 표면에서 흡수된 후 적외선으로 바뀌어 다시 방출된다. 이산화탄소로 대표되는 온실가스는 지구 표면이 우주 공간으로 돌려보내는 적외선 에너지의 일부를 흡수하는 성질이 있다. 바로 적외선을 흡수해 분자가 진동할 수 있기 때문이다.

비유하자면 이산화탄소는 지구 표면이 방출하는 적외선 에너지를 흡수해 신나게 춤을 출 능력이 있다. 춤추던 이산화탄소가 춤을 멈추면 자신의 진동에너지를 다시 적외선으로 뱉어낸다. 문제는 이산화탄소에 의해 흡수되었다 방출되는 적외선 에너지의 일부는 우주 공간으로 빠져나가지만 나머지는 다시 지구로 돌아온다는 점이다. 원래는 우주 공간으로 빠져나갔어야 할 적외선 에너지의 일부가 지구로 다시 돌아와 지구를 가열시키는 역할을 한다.

이제 지구 대기의 주요 성분인 질소 및 산소 분자와 이산화탄소를 비교해 보자. 질소와 산소는 두 원자가 결합해 하나의 분자를 형성하는 이원자 분자로서 분자의 가운데를 기준으로 좌우 대칭이다. 〈그림 5-1〉의 위에 제시된 질소 분자(N_2)의 모식도를 보면 이 분자는 두 원자 사이의 거리가 늘어났다 줄어드는 한 가지 방식으로만 진동할 수 있다. 진동하는 와중에도 한가운데를 기준으로 좌우 대칭의 조건은 유지된다. 이처럼 대칭을 유지하는 진동은 물리학의 법칙에 의해 적외선을 흡수할 수 없다. 산소 분자(O_2)도 마찬가지다. 결국 대기의 대부분을 차지하는 질소와 산소 분자는 지구 표면이 방출하는 적외선을 흡수하지 않고 그대로 통과시킨다. 유리창이 빛에 대해 투명한 것처럼 지구 대기 속 질소와 산소 분자는 적외선에 대해 거의 투명하다.

반면에 탄소 원자 하나를 가운데 두고 좌우에 두 산소 원자가 대칭적으로 결합한 이산화탄소 분자(CO_2)는 〈그림 5-1〉 아래에 표현된 것처럼 세 가지 방식으로 진동할 수 있다. 이 중 첫 번째 진동(ⓐ 대칭적 진동)은 탄소 원자를 가운데 두고 두 산소 원자가 대칭적으로 수축되었다 확장되는 방식의 진동이다. 이와 같은 좌우 대칭의 진동은 질소 분자와 마찬가지로 적외선을 흡수할 수 없다. 그러나 두 번째 진동처럼 좌우 대칭이 깨지거나(ⓑ 비대칭적 진동), 세 번째 진동처럼 구부러지는 진동 방식(ⓒ 굽힘 진동)은 적외선을 흡수해 활성화될 수 있다.

즉 이산화탄소는 적외선을 흡수함으로써 비대칭적 진동과 굽힘 진동을 할 수 있는 능력을 갖는다. 이 성질이 바로 이산화탄소를 강력한 온실가스로 만들어 준다. 메탄(CH_4) 및 수증기(H_2O) 역시 적외선을 흡수하는 진동이 가능한 온실가스에 해당한다.

온실가스 효과가 극적으로 드러난 곳이 지구의 이웃 행성인 금성이다. 금성 표면의 대기 압력은 지구 대기압에 비해 약 90배 정도로 높은데 대기의 약 97%가 이산화탄소다. 막대한 양의 이산화탄소가 발휘하는 온실 효과로 인해 금성은 표면 온도가 섭씨 약 $460\degree C$에 달하는 열지옥 상태가 유지되고 있다.

〈그림 5-1〉질소 분자의 대칭적 진동(위) 및
이산화탄소 분자가 보이는 세 가지 방식의 진동(아래).

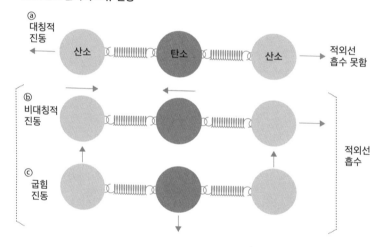

주: 이산화탄소 진동은 ⓐ대칭적 진동, ⓑ비대칭적 진동, ⓒ굽힘 진동으로 나뉜다.

166

지구 온난화의 현 상황

이산화탄소는 지구가 방출하는 적외선을 흡수한 후 그 에너지의 일부를 다시 지구로 돌려보냄으로써 지구 온난화에 기여한다. 이산화탄소의 치명적 문제 중 하나는 대기 중 체류 시간이 매우 길다는 것이다. 기상청에서 펴낸 《기후변화과학 용어설명집》[3]에 의하면 이산화탄소의 대기 중 체류 시간은 5~200년 정도다.

그런데 최근 기후학자들의 연구에 의하면 대기 중 이산화탄소의 일부는 인류의 역사 스케일과 비교할 때 영구적이라 표현할 수 있을 정도로 대기 중에 오래 머무는 것으로 밝혀졌다.[4] 이는 인류가 당장 탄소 배출을 중지하더라도 산업혁명 이후 대기에 배출되어 누적된 막대한 양의 이산화탄소로 인해 지구 온난화의 경향이 장기간 계속될 것이라는 점을 의미한다.

〈그림 5-2〉는 하와이 마우나 로아Mauna Loa 관측소에서 측정된 이산화탄소의 대기 중 농도 추이를 보여준다. 1958년 최초의 측정에서 약 315ppm을 보이던 이산화탄소의 대기 중 농도는 2024년 약 420ppm에 도달했고 증가 추세가 꺾일 기미를 보이지 않는다.

---

3 http://www.climate.go.kr/home/explanation/explanation.php에서 내려 받을 수 있다.

4 Inman, M.(2008), "Carbon is forever", *Nature Climate Change*, 1, p.156.

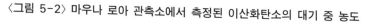
〈그림 5-2〉 마우나 로아 관측소에서 측정된 이산화탄소의 대기 중 농도

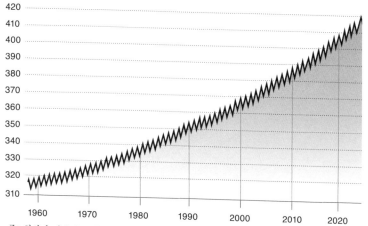

주: 하와이 마우나 로아(Mauna Loa) 관측소에서 측정된 이산화탄소의 대기 중 농도.
　　가로축은 연도, 세로축은 ppm 단위로 표시된 이산화탄소 농도다.
출처: https://scrippsco2.ucsd.edu/

　최근 한 시뮬레이션 연구에 의하면 가령 대기 중 이산화탄소 농도가 450ppm에 도달한 시점에 인류가 갑자기 모든 탄소 배출을 중지한다 하더라도 지구 온난화의 영향은 수백 년 이상 이어질 것으로 예상된다.[5] 이 조건에서는 서기 3000년에 도달하더라도 지구의 표면 온도는 산업혁명 이전과 비교해서 약 1°C, 바다의 열팽창에 의한 해수면 상승효과는 0.3m 정도 유지될 것으로 예측되었다. 인류가 탄소 배출을 줄이는 시점이 늦어질수록 서

5　Solomon, S. et al.(2009), "Irreversible climate change due to carbon dioxide emissions", *PNAS*, 106, p.1704.

기 3000년에 예상되는 평균 기온의 상승분과 해수면 상승 높이의 예상 수치는 급격히 올라간다.

더욱 심각한 건 인류의 활동에 의한 이산화탄소의 배출 속도가 완화될 기미를 보이지 않는다는 점이다. 현재 인류가 목도하고 있는 약 420ppm의 이산화탄소 농도는 과거 80만 년 정도의 시간 스케일에서는 전례가 없는 수치이다.[6] 과학자들은 다양한 과학적 방법을 활용해 과거 대기 중 이산화탄소 농도를 추적했다.

가령 남극의 빙하에 포함된 공기 방울 속에 갇혀 있던 과거의 대기 성분을 정량적으로 분석함으로써 약 80만 년 전까지의 대기 성분과 그 속의 이산화탄소 농도를 추적할 수 있었다.[7] 그 결과 과거 80만 년 전부터 산업혁명 이전까지 대기 중 이산화탄소 농도가 300ppm을 넘은 적이 없었다는 사실이 밝혀졌다.

게다가 인류가 산업 활동을 통해 배출한 이산화탄소의 양을 파악한 결과 산업혁명 이후 급격히 증가한 대기 중 이산화탄소 농도의 증가분과 일치해, 대기에 과잉 축적된 이산화탄소가 대부분 인간의 활동에 의한 것임도 확인됐다. 즉 인류가 목도하고 있는 초유의 상황, 급격히 증가하는 이산화탄소 농도와 지구 온난화가 인류의 활동에 의한 것임은 부인할 수 없는 사실이 된 것이다.

---

6   조천호(2019), 《파란하늘 빨간지구》, 동아시아, 162쪽.

7   Lüthi, D. et al.(2008), "High-resolution carbon dioxide concentration record 650,000~800,000 years before present", *Nature*, 453, p.379.

이처럼 급증하는 온실가스의 대기 중 농도는 기상학자들의 장기 예측이 무색할 정도로 지구의 기후를 급격히 흔들어 놓고 있다. 2023년 7월은 인류가 기상 관측을 시작한 이래 가장 높은 평균 기온을 나타낸 달이었다.[8] 해양 온난화의 효과는 바닷물의 온도를 급격히 증가시켜 왔다. 그린란드와 남극 서부의 빙하 손실량도 급격히 증가하고 있다. 기후학자들은 2024년과 그 이후에도 예측하기 힘든 극단적 더위와 가뭄, 산불과 한파가 더 자주 발생할 것이고 이에 따른 기후 재난으로 천문학적 손실이 발생할 것으로 예상한다.

기후 위기가 초래할 결과에 대한 정량적 예측이 힘든 것은 기본적으로 기후가 대표적인 복잡계complex system이며 카오스chaos적 성격을 갖고 있기 때문이다. 즉 기후는 로켓 발사 후 궤도를 예측하는 사례처럼 공학적으로 예측이 가능한 문제와는 차원이 다른 복잡도를 갖고 있고, 특히 매우 다양한 인자들이 서로 상호작용을 하고 있다는 점에서 기후 위기에 대한 예측과 대처는 본질적으로 어려운 문제이다.

기후 위기를 더욱 심화시키는 것은 어떤 원인이 일정한 결과를 초래하고 이 결과가 다시 원인을 강화하면서 발생하는 '양의

---

8 Tollefson, J.(2023), "Earth's hottest month: these charts show what happened in July and what comes next", *Nature*, 620, p.703.

되먹임 feedback' 과정이다. 예를 들어 지구 온난화로 인해 북극권의 기온이 상승하면 빙하나 해빙이 녹으며 평균 높이가 낮아지는데, 기온은 보통 지표면으로 갈수록 따뜻하기 때문에 높이가 줄어든 빙하는 더 빨리 녹게 된다.

게다가 빙하가 후퇴함에 따라 대지가 드러나 태양빛의 흡수량이 증가하고 이것이 기온 상승을 유도해 빙하의 용해를 가속화한다. 이처럼 북극권에서 가속화되고 있는 온난화 현상은 전형적인 '양의 되먹임' 과정에 의한 것이다. 특히 시베리아와 알래스카에 존재하는 광대한 영역의 영구 동토층凍土層이 녹아내리면서 그 속에 저장된 막대한 양의 메탄이 방출되고 있어 또 다른 지구 온난화의 요인이 되고 있다.

이런 과정이 누적되면서 지구의 평균 기온이 1.5°C 이상 올라가게 되면 지구 기후의 자기 복원성 resilience이 상실되는 조건을 의미하는 티핑 포인트 tipping point를 넘어설 가능성이 있다는 연구 결과도 제시되고 있다.[9]

일반 시민들 중에는 기후 위기를 바라보는 관점에서 과학계 내부에 다양한 견해가 있는 것으로 오해하는 사람들이 있다. 하지만 기후 위기와 지구 온난화가 정말로 존재하는지, 혹은 그 원

---

9   McKay, D. I. A. et al.(2022), "Exceeding 1.5°C global warming could trigger multiple climate tipping points", *Science*, 377, p.1171.

인이 인류의 산업 활동에서 비롯되었는지에 대한 과학자들의 의견은 거의 만장일치라 할 정도로 일치한다.

예를 들어 1991년~2012년 동안 기후 위기에 대한 13,950편의 논문 중 단지 24편(0.17%)의 논문만 지구 온난화의 존재를 부정했다. 2016년 이후 분석된 논문에서 과학자들은 100%에 가까운 비율로 지구 온난화가 인류의 활동에서 비롯되었다고 보고 있다.

이처럼 기후 위기의 존재와 그 원인으로서의 인간 활동은 21세기에 들어 하나의 '견해'가 아니라 명백한 '과학적 사실'로 자리잡았고 이에 대처하기 위한 국제사회의 움직임도 빨라져 왔다.

기후 위기의 성격과 인류의 노력

기후 위기의 성격

기후 위기의 성격을 한 마디로 얘기하면 '천천히 진행되는 치명적인 재앙'이다. 영국의 천문학자 마틴 리스Martin Rees는 이를 "끓는 물 속 개구리"의 상황에 비유한 바 있다.[10] 앞 절에서 언급했지만, 인류가 현재 당장 탄소 배출을 중지한다 하더라도 대기에 축적된 온실가스의 영향은 여러 세대에 걸쳐 지속적으로 영향을 주게 된다.

세계 각 지역, 문명의 각 영역이 고도로 연결된 오늘날, 기후 위기는 인류의 삶에 대한 실질적인 존재론적 위협이 되고 있다. 즉 우리 세대의 정책적 결정이 아직 태어나지도 않은 미래 세대의 생존과 운명에 직접적 영향을 미치는 시기인 것이다. 이런 맥락에서 마틴 리스는 "가끔은 인류 전체가 나아갈 전망에 집중해야 할 '특별한 순간'이 드물게 우리에게 온다. 지금이 바로 그런 순간"[11]이라고 역설하며 기후 위기 해결의 중요성을 강조했다.

---

10 마틴 리스, 김아림 옮김(2023), 《과학이 우리를 구원한다면》, 서해문집, 14쪽.
11 위의 책, 289쪽.

기후 위기의 원인이 인류의 활동에 기인한다는 점에서는 의견이 일치하더라도 기후 위기의 해결 방향에 대한 견해의 스펙트럼은 매우 넓고 다양하다.

우선 그레타 툰베리로 대표되는 기후행동론자들의 경우 인류 문명의 즉각적이고 근본적인 변혁이 필요하다고 주장한다. 가령 세계보건기구 비상대책위원장은 지속가능한 세계를 위해 "이윤이 핵심 목표가 아닌 세계, 다른 모든 가치를 희생해서라도 경제 성장을 이루어야 한다는 태도가 결코 용인되지 않는 세계를 만들어야 한다"[12]고 주장한다.

이들의 견해에 의하면 기후 위기는 이윤 추구를 핵심 목표로 하는 현 자본주의 시스템 내에서는 해결이 불가능하기 때문에 문명의 지속 가능성을 담보할 수 있는 새로운 시스템으로의 근본적이고 즉각적인 변화가 필요하다.

바츨라프 스밀Vaclav Smil과 같은 학자는 기후행동론자들 혹은 기후환경론자들의 주장이 현실성과 구체성을 결여한 견해라 비판하며 기후 위기를 극복하기 위해선 보다 체계적이고 치밀한 분석과 현실에 기반한 정책적 수단이 동원되어야 한다고 강조한다. 가령 기후행동론자들의 주장처럼 10~30년이라는 단기간 내에 재생에너지 등 비탄소계 에너지가 화석 탄소 에너지를 완전

---

12 그레타 툰베리 외, 이순희 옮김(2023),《기후책》, 김영사, 176쪽.

히 대체하기 위해서는 선진국들이 생활수준을 큰 폭으로 낮추고, 인도와 아프리카 등 개발도상국들, 특히 인구 대국들의 현대화 속도를 현저히 늦추어야 하는데 국제 정치와 경제의 역학 관계상 현실적으로 가능하겠느냐는 질문을 던진다.[13]

즉 기후 위기를 극복하기 위한 정책적 방향은 현대 문명을 떠받치고 있는 화석 연료와 이에 기반해 생산되는 핵심 재료(시멘트, 강철, 플라스틱, 암모니아)에 대한 대안을 어떻게 마련할 것인지, 탄소 화석 연료로 구축된 거대한 생산 체계, 물류 체계를 어떻게 재생에너지에 기반한 시스템으로 대체할 것인지에 대한 치밀한 현실적 전략이 무척 중요함을 그는 강조하고 있다.

스티븐 핑커 Steven Pinker와 같은 학자는 기후 위기를 경제적 문제로 간주하며 "절대적으로 경제 문제입니다 … . 기후변화를 분석하는 것과 그 문제의 가능한 해법을 찾는 것, 둘 다 경제 문제입니다."라는 기능주의적 입장을 견지하며 국제 탄소세 도입, 4세대 원자력, 탄소 포집 및 저장 기술 등의 진보로 기후 위기가 해결될 수 있을 것이라는 다소 낙관적 입장을 나타낸 바 있다.[14]

그러나 다음 절에서 소개할 그간의 국제적 노력의 현실과 한

---

13 바츨라프 스밀, 강주헌 옮김(2023), 《세상은 실제로 어떻게 돌아가는가》, 김영사, 344~361쪽.
14 스티븐 핑커 외, 전병근 옮김(2016), 《사피엔스의 미래》, 모던아카이브, 98~101쪽.

계를 살펴보면 핑커의 견해는 현실과 동떨어진 낙관주의로 보인다. 매년 악화되는 기후 위기의 심각성은 기후행동론자들의 긴박한 호소에 귀 기울이게 하지만 인류가 두 세기에 걸쳐 화석 연료 위에 쌓아 올린 거대한 문명의 기반은 바츨라프 스밀의 현실주의적 주장도 무시하기 힘들게 만드는 것이 오늘날의 상황이다.

기후 위기에 대한 인류의 노력과 한계

기후 위기에 대한 인식이 상당히 오래된 것처럼 기후 위기에 대처하기 위한 국제적 노력의 역사도 짧지는 않다. 1979년 개최된 제1회 세계기후회의World Climate Conference를 시작으로 국제적 인식과 협의가 강화되면서 1988년 국제연합과 세계기상기구 산하에 기후변화에 관한 정부 간 협의체 IPCC가 설립되었다. 이어진 국제적 노력은 1997년 교토 의정서 Kyoto Protocol를 거쳐 2015년 파리협정 Paris Agreement으로 정점을 맞았다.

　파리협정은 "지구 평균 기온 상승을 산업화 이전 대비 2°C보다 상당히 낮은 수준으로 유지하고, 1.5°C로 제한하기 위해 노력"한다는 목표를 설정, "모든 국가가 스스로 결정한 온실가스 감축목표를 5년 단위로 제출하고 국내적으로 이행토록" 규정하고 있다.[15]

　그렇지만 그간의 국제적 노력에도 불구하고 이산화탄소 농도는 지속적으로 증가했고 1.5°C 상승이란 제한선에 근접하고 있으며 2°C 상승 억제라는 최종 목표마저 달성이 힘들 것이라는 비관적 전망도 나오는 상황이다.

IPCC가 2021년 작성해 발표한 보고서에는 기후 위기에 대한 인류 대응과 관련해 다음과 같은 인식과 평가가 포함되어 있다.

첫째, 인류는 지구 온난화에 대해 '명백히' 책임이 있다.
둘째, 지속적인 해수면 상승과 같은 기후 변화의 일부는 적어도
    수세기 동안 되돌릴 수 없다.
셋째, 이미 꽤 늦었지만, 그래도 다행히 최악의 영향을 피하기에는
    아직 너무 늦지 않았다.[16]

2°C 이내로 지구 평균 기온 상승을 억제하기 위해 인류에게 허용된 탄소 배출량은 이미 결정되어 있으므로 각국의 행동이 늦어질수록 미래 세대가 짊어져야 할 부담과 고통은 그만큼 더 급격히 늘어날 수밖에 없다.

---

15 https://www.mofa.go.kr/www/wpge/m_20150/contents.do(외교부, 기후변화협상)
16 마틴 리스, 김아림 옮김(2023), 《과학이 우리를 구원한다면》, 서해문집, 46~47쪽에서 재인용.

기후 위기와 과학자

기후 위기에 대한 대응에서 기후 분야 학자들을 비롯한 다양한 분야의 과학자들의 대응은 광범위하고 체계적이었으며 때론 절박한 상황 인식을 보였다. 2009년 26명의 국제 공동연구자들은 한 저널에 발표한 "인류를 위한 안전한 운용 공간"이란 제목의 논문에서 문명의 지속 가능성을 위해 지켜야 할 9가지의 지구 위험 한계선planetary boundaries을 제시했다.[17]

① 기후변화, ② 생물다양성, ③ 질소 순환, ④ 인(P) 순환, ⑤ 성층권 오존, ⑥ 해양 산성화, ⑦ 담수 사용, ⑧ 토지 사용, ⑨ 대기 에어로졸, 화학적 오염 등이 그것인데, 연구자들은 이 중 7가지 항목에 대해 한계 수치를 제안했다. 2009년 논문이 발표될 당시에도 이미 기후 변화, 생물다양성, 질소 순환, 성층권 오존, 해양 산성화 등 다섯 지표는 저자들이 제안한 한계선의 수치를 넘은 상황이었고 그 이후 상황은 더욱 악화되어 왔다.

2019년 163개국 1만 5천여 명의 과학자들이 서명한 〈세계 과학자들의 기후 비상사태 경고〉 보고서가 발표됐고,[18] 그에 대한

---

17 Rockström, J. et al.(2009), "A safe operating space for humanity", *Nature*, 461, p.379.
18 Ripple, W. J. et al.(2019), "World scientists' warning of a climate emergency", *BioScience*, 70, p.8.

후속 보고서가 2023년 논문의 형태로 발표된 바 있다.[19] 이들은 기후 위기의 심각성을 나타내는 대표적 지표인 지구 평균 기온이 인류가 초래한 위험성을 충분히 나타내지 못한다고 판단하면서 지구 온난화의 현황을 구체적으로 드러내는 35가지 지표를 선정, 체계적으로 분석해 보고했다.

그 결과 연구팀이 분석한 35가지 지표들 중 20가지는 매우 극단적인 수치를 보이고 있는 것으로 확인되었다. 그들은 후속 보고서에서 다음과 같이 밝히며 기후 위기에 대한 인류의 안이한 대처에 경종을 울렸다.

수십 년 동안 과학자들은 지속적으로 경고했습니다. 유해한 온실가스를 대기로 방출하는 지속적인 인간 활동에 따른 지구 온도 상승으로 인해 극심한 기후 조건으로 점철된 미래가 도래할 것이라는 점에 대해 경고했습니다. 안타깝게도 시간이 다 되었습니다. 이러한 예측이 현실로 나타나고 있습니다. 놀랍고 전례 없는 기후 기록이 연이어 깨지면서 심각한 고통의 장면이 펼쳐질 것이라는 예측이 현실로 나타나고 있습니다. 기후 위기와 관련하여 우리는 인류 역사상 그 누구도 직접 목격한 적이 없는 낯선 영역으로 진입하고 있습니다.[20]

19 Ripple, W. J. et al.(2023), "The 2023 state of the climate report: Entering uncharted territory", *BioScience*, 73, p.841.

20 위의 논문, p.841.

기후 위기의 실체가 오랜 과학적 조사를 통해 드러나고 이해되었듯이 과학자들은 기후 위기의 해결에 가장 적극적 사회 집단 중 하나가 됐다. 그들은 IPCC와 같은 조직에서 글로벌 협력을 통해 기후 관련 공공정책의 수립 근거를 마련하는 데 혁혁한 기여를 하고 있다. 아울러 기후 위기와 관련된 가짜 뉴스를 비판하고 대중의 과학적 소양을 함양하며 비정부기구와의 연대 속에서 시민들이 올바른 정치적 압력 집단으로 성장할 수 있도록 돕는 것도 과학자들이 잘해 온 일이다.

각국 정치인들과 정부는 태생적으로 몇 년 후의 선거나 당장의 국민 지지 등을 의식하면서 근시안적 관점을 가질 수밖에 없지만 이에 대해 과학자들은 전문성을 바탕으로 중장기적 정책 수립을 독려하는 압력 집단이자 전문가 집단으로서의 역할을 충실히 수행해야 한다.

하지만 기후 위기의 시대에 과학자들은 무엇보다도 위기 극복을 위한 과학기술의 연구 분야에서 의미 있는 돌파구를 만들 필요가 있다. 과학자들의 집단적 연구가 거대한 공학적 성과를 거둔 사례가 현대사 속에 몇 건 있다. 하나는 2차 세계대전 말기, 맨해튼 프로젝트에 투입된 엄청난 규모의 인력과 예산으로 원자폭탄을 단기간에 개발한 사례이고, 다른 하나는 최근 팬데믹 시기에 국제적 협력을 통해 바이러스 백신을 성공적으로 개발하고 보급해 팬데믹 극복에 큰 공헌을 한 사례다.

그러나 기후 위기는 이 두 사례에서 동원된 자원이나 인력 수준을 훨씬 뛰어넘는 초거대 국제 협력이 필요할 정도로 절박한 사안이다. 탄소 저감 기술, 에너지 저장 기술, 차세대 전력망을 포함해 기후 위기를 완화시키기 위한 다양한 공학적 분야에서 과학자, 공학자들의 국제적 연대와 협력 연구가 더 절실히 필요한 시점이다.

그러나 기후 위기 극복이 반드시 과학과 공학 분야 전문가들만의 이슈는 아니다. 오히려 다층적, 다학제적 접근이 필요한 영역임이 갈수록 명확해지고 있다. 〈표 5-1〉에 최근 기후 위기와 관련해 발표된 몇 편의 논문을 일부 사례로 소개한다.

〈표 5-1〉의 몇 연구 사례에서도 알 수 있는 것처럼 기후 위기는 다양한 학문 분야의 전문가들이 자신의 전문성에 기반함과 동시에 다학제적 관점으로 접근해야 하는 이슈가 되었고, 그럴 경우에만 기후 위기 극복을 위한 실질적이고 현실적인 기술적, 정책적 대안을 찾을 수 있을 것이다.

영국 케임브리지대학의 '생존위험연구센터'나 옥스퍼드대학의 '미래인류연구소'처럼 기후 위기 시대 인류 문명의 미래에 대한 다학제적 융합연구를 수행하는 연구기관들이 활발히 활동하는 것도 이런 맥락에서 이해할 수 있다.

특히 지구의 기후와 같은 거대한 복잡계에 대해 최근 눈부시게 발전한 인공지능의 활용을 적극 모색할 필요성이 있고 실제로 인공지능을 활용한 기후 위기 연구가 활발히 이뤄지고 있다.[21]

〈표 5-1〉기후 위기에 대한 다학제적 융합연구의
필요성을 보여준 최근 연구 사례들

논문 제목	내용	관련 학문
인류세를 위한 정책 설계[1]	지구 위험 한계선을 지키기 위한 다양한 층위와 복잡도의 정책 개발에 있어 고려해야 할 다학제적 협업 이슈를 다루고 있음	사회학, 경제학, 지질학 등
미래와의 협력[2]	현세대의 자원 활용에 대한 결정이 후대에 미치는 영향을 조사하기 위한 새로운 유형의 게임 이론을 다룬 논문으로, 투표를 통한 민주적 정책 결정의 중요성을 강조	심리학, 조직 및 진화 생물학, 경제학, 수학
배출 저감 기술 없이 1.5℃ 목표와 지속 가능한 개발 목표를 달성하기 위한 저에너지 수요 시나리오[3]	파리협정의 목표치인 지구 평균 기온 1.5℃ 이내 억제의 달성이 탄소 방출의 저감이라는 방법 외에 에너지 서비스 효율(에너지 변환 효율 및 사용 효율) 개선을 통해서도 달성될 수 있다는 시나리오를 제시하는 연구	시스템공학, 토목공학, 기후변화, 환경공학, 응용시스템 분석 등
지구 시스템 한계선을 정의하고 그 안에서 살아가기 위해 필요한 지구 시스템 정의[4]	기존에 제안된 지구 위험 한계선 개념에 더해 '안전 및 정의를 위한 지구 시스템 경계'란 개념을 제안함으로써 기후불평등의 문제를 해결하기 위한 정책적 방향을 모색	공공정책, 미디어와 거버넌스, 환경사회학 등

출처: 1. Sterner, T. et al.(2019), "Policy design for the Anthropocene", *Nature Sustainability*, 2, p.14.
   2. Hauser, O. P. et al.(2014), "Cooperating with the future", *Nature*, 511, p.220.
   3. Grubler, A. et al.(2018), "A low energy demand scenario for meeting the 1.5℃ target and sustainable development goals without negative emission technologies", Nature Energy, 3, p.515.
   4. Gupta, J. et al.(2023), "Earth system justice needed to identify and live within Earth system boundaries", *Nature Sustainability*, 6, p.630.

---

21 Greene, C. A. et al.(2024), "Ubiquitous acceleration in Greenland Ice Sheet calving from 1985 to 2022", *Nature*, 625, p.523.

외계행성의 발견과 기후 위기의 시대

외계행성의 발견 현황

이 우주에는 우리뿐일까? 다른 별에도 우리 태양계와 같은 행성계, 그리고 생명이 있을까? 이런 원초적이고 궁극적인 질문은 고대 그리스 시대의 자연철학자들을 포함, 오랜 역사를 통해 인류의 마음을 사로잡았다. 천문학의 역사는 지구가 우주의 중심이 아님을, 우리 태양계가 우주의 중심이 아님을, 태양이 속한 우리 은하계가 무수히 많은 은하 중 평범한 하나의 은하임을 깨달아가는 과정이었다. 특히 아직도 정체를 모르는 암흑물질과 암흑 에너지의 발견은 인류가 우주에 대한 지식을 확장할수록 모르는 부분이 더 많아지는 역설적 상황을 드러냈다.

 그 과정에서 20세기 천문학자들의 관심사 중 하나는 항성(별) 주위를 도는 행성 존재의 보편성에 관한 것이었다. 대부분의 천문학자들은 다른 별 주위에도 행성들이 존재할 것이라 예상했지만, 밝은 빛을 내는 별 주위를 도는 작고 희미한 외계행성_{exoplanet}을 발견하는 것은 별을 연구하는 것과는 차원이 다른 극도로 어려운 문제였다.

태양이 아닌 다른 별의 주위를 도는 외계행성은 1990년대 중반 처음 발견되었다. 스위스의 미셸 마요르Michel Mayor와 디디에 쿠엘로Didier Queloz는 시선속도 측정법이란 방법을 활용해 약 50광년 떨어져 있는 외계행성(51 Pegasi b)을 1990년대 초반 발견했다. 이들이 발견한 외계행성은 지구보다 약 150배나 더 큰 거대 기체 행성이면서도 수성보다 훨씬 가까운 궤도를 유지하며 모항성 주변을 약 4일에 한 번 공전하는 특이한 성질을 보였다. 그만큼 모항성과의 상호작용이 커서 상대적으로 발견이 쉬웠던 셈이다. 주계열성을 도는 최초의 외계행성을 발견한 공로로 마요르와 쿠엘로는 2019년 노벨물리학상을 수상한다.

외계행성을 전문적으로 탐사하는 케플러 위성이 2009년 발사된 이후 발견되는 행성의 수가 큰 폭으로 증가하면서 〈그림 5-3〉에서 볼 수 있는 것처럼 2024년 1월 5일을 기준으로 총 5,569개의 외계행성이 확인됐다.

이런 연구 결과는 행성 형성이 우주의 진화 과정에서 보편적인 현상임을 극명히 드러낸다. 게다가 발견된 행성들의 크기 분포가 매우 다양하고 항성으로부터의 거리나 공전주기가 우리 태양계와는 현저하게 다른 경우가 많아, 천문학자들은 기존의 행성 형성 이론을 근본적 차원에서 다시 고민하고 있다.[22]

22 해도연(2019), 《외계행성》, 그래비티북스, 131~194쪽.

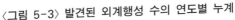

〈그림 5-3〉 발견된 외계행성 수의 연도별 누계

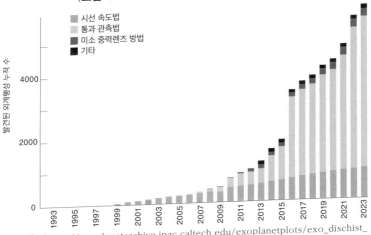

■ 시선 속도법
■ 통과 관측법
■ 미소 중력렌즈 방법
■ 기타

발견된 외계행성 누적 수

4000

2000

0

1993 1995 1997 1999 2001 2003 2005 2007 2009 2011 2013 2015 2017 2019 2021 2023

출처: https://exoplanetarchive.ipac.caltech.edu/exoplanetplots/exo_dischist_cumulative.png

과학자들은 특히 지구와 비슷한 크기를 갖는 암석형 외계행성을 찾는 데 주력해 왔다. 모항성으로부터 적절한 거리를 유지하는 암석형 행성은 표면에 액체 상태의 물을 유지할 확률이 높다. 지구 생명체의 탄생과 진화 과정에서 물의 결정적 역할을 고려하면, 외계 생명의 존재에도 액체 상태의 물이 전제가 될 가능성이 높다. 거주 가능 구역habitable zone 내 지구형 행성은 향후 외계 생명의 발견에 있어 가장 중요한 목표이자 이정표가 될 것이다.

바이오마커와 테크노시그너처

외계 생명과 관련해 최근 주목을 받는 연구는 외계행성의 대기 탐색 분야다. 행성의 대기 조성이나 구름의 분포, 색깔 등을 관측해 행성 표면에 대한 풍부한 정보를 확보하는 것이 연구의 목적이다. 특히 외계행성의 대기로부터 생명체의 지표가 될 만한 증거를 찾는다면 이는 인류 문명사에 있어 가장 획기적인 발견이 될 것이다.

이런 관측에서 생명체 존재의 지표가 되는 바이오마커 biomarker 로는 무엇이 있을까?23 우선 화학적 비평형 과정으로 발생하는 대기 중의 산소를 들 수 있다. 산소는 지구 대기의 약 21%를 차지하는데 이는 대부분 생명 활동으로 발생되고 유지된다. 비생명 활동으로도 산소가 만들어질 수는 있지만 반응성이 강한 산소가 이 정도 높은 비중을 계속 유지하는 건 생명 활동이 아니면 거의 불가능할 것이라 과학자들은 보고 있다.

다른 하나는 이른바 광합성에 의해 발생하는 '레드 에지 red edge' 현상이다. 일반적인 대기 성분은 가시광선의 빨간색 파장 한계인 700나노미터 부근에서는 강한 흡수 현상을 보이지 않는다.

23 Schwieterman, E. W. et al.(2018), "Exoplanet biosignatures: A review of remotely detectable signs of life", *Astrobiology*, 18, p.663.

그런데 지구의 대기를 먼 우주에서 분석하면 이 파장 근처에서 빛의 흡수율이 갑자기 달라진다. 바로 지구 생태계를 구성하는 식물들이 광합성을 위해 적색 영역의 빛을 선택적으로 흡수하기 때문이다. 따라서 행성 대기의 흡수 스펙트럼이 빨간색과 적외선 사이에서 갑자기 변하면 광합성을 하는 식물 생태계가 존재할 가능성이 높다. 현재 건설되고 있는 30~40m 구경의 거대 지상 망원경들이 완성되면 지구형 외계행성의 바이오마커에 대한 본격적인 관측이 이루어질 것으로 기대된다.

이처럼 개선되어 가는 관측 기술의 진보는 과연 외계 생명체의 발견으로 이어질 수 있을까? 과학자 커뮤니티에서는 늦어도 한 세기 내에 발견될 것으로 전망하는 사람들이 많다. 지난 30년의 탐색 결과 외계행성이 우주의 보편적 현상이라는 점이 분명해졌기 때문이다. 비록 미생물의 수준이라도 외계 생명이 발견된다면 이는 인류의 역사에 있어 17세기 지구중심설(천동설)이 무너지거나 20세기 외부 은하 및 우주 팽창을 발견한 것 이상의 충격을 주면서 인류 문명의 대전환점을 이룰 것이 확실하다.

외계 생명의 존재는 그 자체로 인류 문명을 구성하는 다양한 분야들, 즉 과학뿐 아니라 종교, 인류학, 사회학, 미래학, 생태학, 언어학, 철학과 예술 등을 포괄하는 거의 모든 분야에 지대한 영향을 미칠 것임이 분명하기 때문이다. 게다가 이는 지구가 아닌 외계에서 생명이 얼마나 보편적 현상인지, 그런 생명 현상이 지구처럼 지적 생명체로 진화할 확률이 얼마나 되는지를 이해하기 위한 출발점이 될 것이다.

인간이 이해하는 138억 년 우주의 역사, 46억 년 태양계의 역사 속에서 인류가 확인한 유일한 생명 탄생의 장소는 지구이다. 우리는 지구의 생명에 대해서는 방대한 지식을 축적했으나 은하 내 항성의 수보다 더 많을 것으로 예상되는 외계행성의 다채로운 무대에서 생명이 어떤 방식으로 번창하고 있을지 예단하기는 힘들다. 더구나 외계 지적 생명체의 모습, 그리고 그들이 이룩한 문명은 아직 상상의 영역에 머무를 수밖에 없다. 그저 우리가 확인한 유일한 지적 생명체인 우리 자신, 즉 인간의 진화 과정과 문명의 여정을 통해 외계 문명과의 조우 상황과 그들의 문명 수준을 추정해 볼 수 있을 뿐이다.

이런 가능성에 대비해 과학자들은 항성 간 통신을 가능케 하는 최적의 전자기파 신호 대역을 연구하거나[24] 거꾸로 지구 위 생명을 발견할 외계 항성계의 수와 분포에 대한 연구를 진행하는 등[25] 잠재적 외계 문명을 과학의 객관적 연구 대상으로 탐색해 왔다.

그 하나의 가능성이자 탐색 대상으로 문명의 진화에 필연적으

---

24 Cocconi, G. and Morrison, P. (1959), "Searching for interstellar communications", *Nature*, 184, p.844.

25 Kaltenegger, L. & Faherty, J. K.(2021), "Past, present and future stars that can see Earth as a transiting exoplanet", *Nature*, 594, p.505.

로 동반되는 테크노 시그니처technosignatures를 연구하는 학자들도 있다.26 관측 가능한 테크노 시그니처는 레이저나 라디오파처럼 인공적으로 형성된 전자기파일 수도, 산업화 과정에서 산출되는 오염물질일 수도 있다.

다른 하나는 오랜 생존과 진화의 기간을 거친 문명이 기계 기반 문명일 가능성을 고려하는 것이다. 인류의 역사만 봐도 최근 인공지능의 진화 속도가 지수함수적으로 증가하는 시대에 접어들었고 인간의 지능을 능가하는 인공지능 기계의 출현이 가시권에 접어들었다는 예측도 있다. 포스트 휴먼 시대는 고도로 발달한 기계와 인공지능의 결합물이 될 수도 있다는 예상에 지구보다 훨씬 선진화된 외계 문명의 모습을 투영해 보는 것은 상당히 자연스러운 일이다.27

이런 맥락에서 외계 지적 생명체 탐사에 나서는 과학자들은 기계 기반 문명이 형성해 놓았을 우주공학적 자취를 탐색하려 노력하기도 한다. 향후 언젠가 지구를 방문할 외계 문명의 탐사선에는 SF 영화에서 흔히 묘사하는 유기 생명체 대신 엄혹한 우주 공간의 환경에서 장대한 시간을 버틸 수 있는 외계 인공지능이 타고 있을 가능성도 있지 않을까?

---

26 Haqq-Misra, J. et al.(2022), "Searching for technosignatures in exoplanetary systems with current and future missions", *Acta Astronautica*, 198, p.194.

27 닉 레인 외, 고현석 옮김(2018), 《지구 밖 생명을 묻는다》, 반니, 25~39쪽.

나오며

가만히 앉아 이 책을 읽고 있는 스스로의 모습을 떠올려 보자. '가만히' 있다는 것은 무슨 의미일까? 주변 환경에 대해 본인이 움직이지 않고 정지해 있다는 뜻일 것이다. 그렇지만 자전 自轉하는 지구 표면에 살고 있는 우리는 지구와 함께 엄청난 속도로 회전한다. 적도에 살고 있는 사람이라면 시속 1,670km의 속도로 자전하고 있다.

공전 公轉 속도는 어떨까? 지구의 공전 속도는 약 시속 10만km에 달한다. 게다가 태양계는 우리 은하의 팔 자락 위에서 은하의 중심에 대해 시속 약 80만km로 회전하고 있고, 우리 은하 역시 우주 내에 고정되어 있지 않고 팽창하는 우주 속에서 다른 은하와의 상대적 위치가 계속 바뀐다.

결국 우리가 발을 딛고 서 있는 단단한 대지, 그 대지를 품고 있는 행성 지구는 광대한 우주 공간 속에서 엄청난 속도로 끊임없이 움직이고 있는 존재다. 이런 맥락에서 우리는 지구를 자급자족이 가능하고 지속가능한 생태계를 품고 있는 하나의 거대한 우주선으로 상상해 볼 수 있다. 이것이 바로 "우주선 지구 spaceship earth"라는 개념이다.

천문학자 프랭크 드레이크Frank Drake는 1961년 우리 은하 내에서 통신을 통해 교류가 가능한 외계 고등 문명의 수를 추정하는 '드레이크 방정식'을 제안한 바 있다. 여기 포함된 변수들은 별이나 행성의 존재 확률, 생명체의 발생 확률과 이 생명이 고등 문명을 구축할 확률 등을 반영하고 있는데, 방정식의 마지막 변수는 바로 고등 문명의 존속 기간 'L'이다. 21세기 들어 가속화되는 외계행성에 대한 연구는 기후 위기 시대의 인류가 변수 'L'에 대해 진지하게 고찰할 수 있는 계기를 제공한다.

이 연구는 장기적으로 우리 우주에서 생명 현상과 고등 문명이 얼마나 보편적인지 혹은 반대로 지구의 생명 현상이 얼마나 특별한 것인지를 알려줄 통계적 근거를 제공할 것이다. 만약에 생명이 우주의 보편적 현상이라면, 그리고 그 속에서 지적 생명체의 진화와 문명이 드물지 않게 출현한다는 게 밝혀진다면 결국 지적 생명체의 문명 존속 기간이 문명 간 접촉이나 통신의 가능성을 결정할 것이다. 문명의 자기 파괴적 속성이 문명의 평균적 존속 기간을 줄인다면 우리가 미래에 확인할 외계 문명은 자멸 후의 흔적일 가능성이 높다. 이는 기후 위기와 핵전쟁 등으로 여섯 번째 대멸종을 불러일으킬 수도 있는 인류에도 해당되는 얘기다.

반면에 만약 생명 현상이 정말 우연하고 드문 현상으로서 흔하게 발생할 수 없는 것으로 확인된다면, 그래서 먼 미래에도 결국 지구만이 생명이 존재하는 유일한 행성으로 확인된다면, 우리는 우주를 사고하고 더 깊이 이해하는 거의 유일한 종으로 남을 것이다.

21세기의 끝자락에서 인류의 문명은 과연 어떤 모습을 하고 있을까? 기후 위기의 심화 속에 우주선 지구를 파괴해 가며 멸종의 벼랑 끝으로 내몰리고 있을까, 혹은 지혜롭게 대위기를 극복하며 고도의 인공지능과 기계의 도움으로 포스트 휴먼의 시대를 향해 도약하고 있을까, 아니면 그때도 지금처럼 위기에 둔감하고 멀리 내다보지 못하며 규모의 성장에만 집착하는 삶을 살고 있을까?

봇물 터지듯 발전하는 외계행성의 연구 성과와 높아지는 외계 생명 발견의 가능성은 기후 위기의 인류에게 문명의 방향과 운명에 대해 근본적인 차원의 고민이 필요함을 역설하고 있다. 이에 대한 창조적 사고와 과감한 상상력, 그리고 진정한 다학제적 모색과 융합이 필요한 시점이다.

참고문헌

그레타 툰베리 외, 이순희 옮김(2023), 《기후책》, 김영사.

닉 레인 외, 고현석 옮김(2018), 《지구밖 생명을 묻는다》, 반니.

마틴 리스, 김아림 옮김(2023), 《과학이 우리를 구원한다면》, 서해문집.

바츨라프 스밀, 강주헌 옮김(2023), 《세상은 실제로 어떻게 돌아가는가》, 김영사.

스티븐 핑커 외, 전병근 옮김(2016), 《사피엔스의 미래》, 모던아카이브.

조천호(2019), 《파랗하늘 빨간지구》, 동아시아.

해도연(2019), 《외계행성》, 그래비티북스.

Broecker, W. S.(1987), "Unpleasant surprises in the greenhouse?", *Nature*, 328.

Cocconi, G. & Morrison, P.(1959), "Searching for interstellar communications", *Nature*, 184.

Greene, C. A. et al.(2024), "Ubiquitous acceleration in Greenland Ice Sheet calving from 1985 to 2022", *Nature*, 625.

Grubler, A. et al.(2018), "A low energy demand scenario for meeting the 1.5℃ target and sustainable development goals without negative emission technologies", *Nature Energy*, 3.

Gupta, J. et al.(2023), "Earth system justice needed to identify and live within Earth system boundaries", *Nature Sustainability*, 6.

Haqq-Misra, J. et al.(2022), "Searching for technosignatures in exoplanetary systems with current and future missions", *Acta Astronautica*, 198.

Hauser, O. P. et al.(2014), "Cooperating with the future", *Nature*, 511.

Inman, M.(2008), "Carbon is forever", *Nature Climate Change*, 1.

IPCC(2021), Climate Change 2021: The Physical Science Basis, Cambridge University Press(문헌 출처: https://www.ipcc.ch/assessm

ent-report/ar6).

Kaltenegger, L. & Faherty, J. K.(2021), "Past, present and future stars that can see Earth as a transiting exoplanet", *Nature*, 594.

Lüthi, D. et al.(2008), "High-resolution carbon dioxide concentration record 650,000~800,000 years before present", *Nature*, 453.

McKay, D. I. A. et al.(2022), "Exceeding 1.5°C global warming could trigger multiple climate tipping points", *Science*, 377.

Ripple, W. J. et al.(2019), "World scientists' warning of a climate emergency", *BioScience*, 70.

_____ et al.(2023), "The 2023 state of the climate report: Entering uncharted territory", *BioScience*, 73.

Rockström, J. et al.(2009), "A safe operating space for humanity", *Nature*, 461.

Schwieterman, E. W. et al.(2009), "Exoplanet biosignatures: A review of remotely detectable signs of life", *Astrobiology*, 18.

Solomon, S. et al.(2009), "Irreversible climate change due to carbon dioxide emissions", *PNAS*, 106.

Sterner, T. et al.(2019), "Policy design for the Anthropocene", *Nature Sustainability*, 2.

Tollefson, J.(2023), "Earth's hottest month: these charts show what happened in July and what comes next", *Nature*, 620.

http://www.climate.go.kr/home/explanation/explanation.php(기후변화과학 용어 설명집)

https://www.mofa.go.kr/www/wpge/m_20150/contents.do(외교부, 기후변화협상)

지은이 소개 (게재순)

김용학

미국 시카고대에서 사회학 박사학위를 받았으며, 연세대학교 제18대 총장을 역임했다. 현재 연세대학교 사회학과 명예교수, SK텔레콤 사외이사와 삼성생명 공익재단 이사로 재임 중이다. 사회 연결망 분석과 사회 연결망 이론을 연구했다. 대통령 자문 정책기획위원회, 교육부 대학설립위원회, 교육부 BK기획위원회 등에서 활동하였다. 주요 연구서로는《사회 연결망 분석》(2016, 대한민국학술원 우수도서),《사회연결망 이론》(2010, 문화체육관광부 우수도서)을 비롯하여,《네트워크 사회의 빛과 그늘》(2009),《비교사회학》(2000) 등이 있다. *American Journal of Sociology* 부편집장과, Sage에서 출간하는 *Rationality and Society* 국제편집위원을 역임했다.

조화순

연세대학교 정치외교학과를 졸업하고 미국 노스웨스턴대에서 정치학 박사학위를 받았다. 주요 연구 분야는 기술이 추동하는 정치와 사회 변화, 기술정책과 미래 거버넌스, 데이터 사회과학 등이다. 연세대학교 정치외교학과 교수로 재직하고 있으며, 디지털사회과학센터의 센터장을 맡고 있다. 정치학자 중 최초로 과학기술한림원의 정책학부 정회원으로도 활동 중이며, 제53대 한국정치학회 학회장이다. 주요 저서로는《언박싱 코로나》(2023),《데이터 시대의 사회과학》(2020),《사회과학자가 보는 4차 산업혁명》(2018),《빅데이터로 보는 한국정치 트렌드》(2016),《소셜 네트워크와 정치변동》(2012) 등 다수가 있다.

함지현

연세대학교 대학원 정치학과 박사과정에 재학 중이며, 인공지능 등 기술과 정치 간 상호작용 및 정책 과정을 연구하고 있다. 주요 저서로《사이버 공간의 문화코드》(공저, 2015)가 있다.

주경철

프랑스 파리 사회과학고등연구원EHESS에서 박사학위를 받았으며 현재 서울대학교 역사학부 서양사 전공 교수로 재임 중이다. 서울대학교 역사 연구소 소장, 중세르네상스연구소 소장 등을 역임했다. 서양 근대사와 문화사 그리고 해양사에 관심을 두고 연구를 진행하고 있다. 주요 저서로는《바다 인류》(2022),《주경철의 유럽인 이야기》(2017~2019),《일요일의 역사가》(2024),《물질문명과 자본주의》(번역서, 2024) 등 다수가 있다.

박태균

서울대학교 대학원 국사학과에서 박사학위를 받았으며, 현재 서울대 국제대학원 교수로 재직 중이다. 하버드대 초빙교수, 게이오대와 규슈대 방문교수, 후단대와 산동대 겸무교수를 지냈으며, 서울대 국제대학원 원장, 서울대 〈대학신문〉 주간, 한국역사연구회 회장, 대통령 직속 정책기획위원회 위원을 역임했다. 주요 저서로는 《한국전쟁》(2005), 《우방과 제국: 한미관계의 두 신화》(2006), 《원형과 변용: 한국 경제개발계획의 기원》(2007), 《이슈한국사》(2015), 《베트남 전쟁》(2015), 《버치문서와 해방정국》(2021) 등 다수가 있다.

고재현

한국과학기술원에서 이학박사 학위를 받았으며, 현재 한림대학교 반도체·디스플레이스쿨 교수로 재직 중이다. 한림대학교 특훈교수, 일본 University of Tsukuba JSPS Fellowship, 한국물리학회 〈새물리〉 편집위원장, 한국광학회 〈한국광학회지〉 편집위원장, 한국정보디스플레이학회 광원연구회 회장을 지냈으며, 현재 한림대학교 반도체·디스플레이스쿨 학장을 역임하고 있다. 주요 저서로는 《빛의 핵심》(2020), 《물질의 재발견》(공저, 2023), 《역사를 바꾼 100책》(공저, 2023), 《양자역학 쫌 아는 10대》(2023), 《전자기 쫌 아는 10대》(2020), 《빛 쫌 아는 10대》(2019), 《십 대, 미래를 과학하라!》(공저, 2019) 등이 있다. 2004년 한림대학교 부임 후 약 270여 편의 학술논문과 세 편의 book chapter를 발표했다.